Hohenheim

● ● ●

Erich Loest

Der vierte Zensor

Der Roman „Es geht seinen Gang"
und die Dunkelmänner

Hohenheim Verlag
Linden-Verlag
Stuttgart · Leipzig

Die Deutsche Bibliothek – CIP Einheitsaufnahme
Ein Titeldatensatz für diese Publikation ist bei der
Deutschen Bibliothek erhältlich

© 2003 Erich Loest
Alle Rechte vorbehalten
Satz: Satz & mehr, Besigheim
Druck: Henkel-Druck, Stuttgart
Bindearbeiten: H. Koch, Tübingen
Printed in Germany
ISBN 3-89850-090-X

Inhalt

Im Abstand mitten drin

Im Orwell-Jahr 1984 war es nötig, Versteck zu spielen. Bei meiner Ausreise 1981 trug ich die Hälfte des Romanmanuskripts „Völkerschlachtdenkmal" im Koffer, nicht aber das Material für diese Dokumentation. Das wartete in West-Berlin beim Journalisten Hendrik Bussiek. Ein Mitarbeiter der Ständigen Vertretung der Bundesrepublik Deutschland in Ost-Berlin, Rainer Haarmann, der mich oft besuchte und viele Briefe und Notizen kannte, fand es vorsorglich, davon Kopien zu fertigen. Denn konnte es nicht sein, daß die Staatssicherheit, sollte die Situation eskalieren wie 1957, alles kassierte? Mappenweise nahm Haarmann meine Dokumente mit nach Ost-Berlin – ich besaß selbstverständlich keinen Kopierer. Er doppelte, im Diplomatengepäck reiste die heiße Ware durch die Mauer. Derlei konnte ich zu DDR-Zeiten natürlich nicht ausplaudern: Gewiß hätte das sozialistische Außenministerium den Ständigen Vertreter der Bundesrepublik zornig einbestellt.

1983 hatte ich an die Redaktion des Deutschland Archivs, einer politischen Zeitschrift in Köln, geschrieben: „Meine Absicht ist es, Kulturpolitik der DDR am konkreten Fall darzustellen. Wie schon bei ‚Durch die Erde ein Riß' möchte ich in der dritten Person über das Treiben des Schriftstellers L. berichten. Das gibt die Möglichkeit, dessen Reaktionen mit Abstand zu behandeln, mit Kritik, auch Ironie. Überhaupt soll das ganze ‚lesbar' sein, möglichst spannend, das Gegenteil von trockener Wissenschaft."

Diese Recherche enthielt, was ich damals wußte, mit einer Einschränkung freilich: Ich durfte niemandem schaden, der in der DDR geblieben war. Rücksichtnahmen dieser Art sind heute überholt, vielmehr darf Freunden öffentlich Dank gesagt werden, Manfred Jendryschik und Hans-Martin Kählitz beispielsweise. Die Offenlegung der Stasi-Akten nach 1990 brachte Erkenntnisse, wie vieles gedreht und gewendet worden war, wer mich verriet oder mir die Treue hielt. In den biographischen Texten „Der Zorn des Schafes" und „Die Stasi war mein Eckermann" veröffentlichte ich einige Dokumente aus diesen Speichern, die ersten, die in meine Hände geraten waren. Längst nicht jedes Kürzel konnte ich deuten, nur wenige Zusammenhänge begreifen. Unterdessen liegt das meiste aufgehellt; hoffentlich kommt nichts Neues hinzu.

Am Text der Recherche, die 1984 im Deutschland Archiv erschien, änderte ich nur wenig, glättete hier und da stilistisch und strich Abschweifungen heraus. Als Chronist im Rückblick auf die alten Zeiten fühlte ich mich im wohltuenden Abstand und dennoch mitten drin.

Dieses Buch nun erscheint in einer Zeit, in der von ehemaligen Nutznießern der DDR-Diktatur versucht wird, sie zu beschönigen und zu verklären. Schon Anfang der neunziger Jahre warf Günter Grass Nebelkerzen, als er die DDR eine „kommode Diktatur" nannte. Für die Häftlinge in den Zuchthäusern von Waldheim, Bautzen und Hoheneck war sie das so wenig wie für die drei Millionen DDR-Bürger, die mit den Füßen gegen sie stimmten. Auch vermutete Grass von der DDR, man hätte sich „in ihr einrichten" können. Die tausend Toten an der Mauer konnten es jedenfalls nicht. *Alle*

DDR-Bewohner mußten auf Menschenrechte verzichten, auf Freiheit der Rede und des gedruckten Worts, auf Informations- und Reisefreiheit, sie mußten sich nicht nur dem Zwang fügen, sondern sich *gern beugen*, denn anders kann von „einrichten" nicht die Rede sein. Im Jahr 2002 erschienen Bücher, die einen Gegenentwurf wie „Der vierte Zensor" nötig machen, ungeachtet der Tatsache, daß sich die Veröffentlichung von „Es geht seinen Gang" zum 25. Mal jährt. Dunkelmänner – so heißen im Verlauf von fünf Jahrhunderten mit variierenden Inhalten und Formen diejenigen, denen Gedankenfreiheit nichts gilt, die sich als Diktatoren oder ihre Satrapen wohlfühlen, Widerspruch als störend empfinden und nach Kräften verbieten. Sie sind Fundamentalisten, die meinen, den Stein der Weisen zu besitzen und mit ihm jeden Widerspruch erschlagen zu dürfen, Bücherverbrenner von der Inquisition bis zur SA, Zensurlakaien von Metternichs Zeiten bis zur für Druckgenehmigung oder –verweigerung zuständige Behörde der DDR unter Klaus Höpcke, der bis vor kurzem für die PDS im thüringischen Landtag saß und nicht etwa ausschied, weil sich seine Partei seiner zu schämen begann, sondern aus Altersgründen.

In diesem Jahr erleben wir einen auch in Schwarzträumen nicht geahnten Angriff von Reaktionären im vollen Licht unserer Demokratie. In Berlin gelang es der PDS, nach zwölfjähriger Abwesenheit wieder ins Rote Rathaus einzuziehen. Wenn wir dort im Frühjahr 2003 an „Es geht seinen Gang" erinnern, wenn wir über das Entstehen und Sterben eines Romans in der tiefen DDR debattieren, wenn dann ein PDS-Senator in der ersten Reihe sitzt, können wir aus Protokollgründen gar nichts ändern. Wenn er mit gefülltem Sektkelch auf mich zukommt und mit mir auf den endlichen Sieg freier Literatur über alle Dunkelmännerei anstoßen will – was mache ich dann?

Die geistige, die Gedankenfreiheit wird bei uns ungenügend gepriesen. Welch hohes Gut haben wir uns im Herbst 1989 erstritten! In den Wochen, als ich dieses Manuskript bearbeitete, erwachte ich des Morgens glückselig, hatte im Halbtraum wieder an einem Sätzlein gebastelt, das mir keck erschien, und freute mich beim Morgenkaffee: Das kann dir keiner streichen, du mußt keine Zeile beim Rat des Bezirks zur Abnahme einreichen wie weiland die Kabarettisten ihre Späße, da ist kein Höpcke im Amt, der, als ich im Westen lebte, die Besatzung des DDR-Stands zur Frankfurter Messe anwies: Wenn ein gewisser Loest auftauchen sollte, den kennen wir nicht!

Dunkelmännerbücher also: Hermann Kant legte mit „Okarina" einen sein Leben tangierenden Roman vor. Tatsächliches vermischt er mit Erfundenem so undeutlich, daß es alle Entdeckerlust zerstört. Einmal äußert er, was der Leser seiner Meinung nach von ihm erwarte: Reißt Kant nun reuesüchtig die Brust auf und kriecht zu Kreuze? Auch damit kokettiert er: Wenn die Öffentlichkeit ein Monster erwarte, habe man es gefälligst zu spielen. Es ist wie schon beim „Abspann", seinem Biografieversuch Anfang der neunziger Jahre: Er erzählt die Hälfte, lügt also durch Weglassen. DIE ZEIT brachte es auf den Punkt: „Ein Durcheinander gescheiterter Absichten: Nicht Epochenbilanz, nicht Entwicklungsroman, weder politische Satire noch Rechtfertigungsschrift, sondern von allem etwas und darum letztlich nichts. Nur zielloser Sarkasmus." Der Mitteldeutsche Rundfunk – es hätte auch der ORB sein können – gab Kant die Möglichkeit, sich auf dem Bildschirm zu spreizen. Die Moderatorin Janine Strahl rühmte, sie habe sich „wahnsinnig" an Kants Sprache „ergötzt". Der bestätigte: „Ich sitze manchmal drei Stunden und kriege das Wort nicht gefunden." Immerhin: Kant, vor kurzem noch aktiver Dunkelmann, hat eingestanden, seinen politischen Kampf *verloren zu haben.* Das ist einiges – zuzugeben, daß seine *Position falsch* war, ein anderes.

Mannigfache Manuskripte finden in unserer Freiheit einen Verleger, so auch Sascha Andersons 300 Seiten über seinen Verrat. Ist das nun der lange Weg zu sich selbst oder neue Täuschung? Als sein Doppelspiel ruchbar wurde, meinte ich, er müsse sich den Strick nehmen oder auswandern nach Australien oder Kanada, um als Schafhirt oder Kleinbahnstreckenwärter stumm zu büßen. Aber ich gewahre ihn auf Buchmessen, schwarzgekleidet und gemieden in Winkeln. Nun spielt er ein frisches Spiel und probiert, was einer Öffentlichkeit zuzumuten ist, stellt sich der Diskussion und schweigt, wenn es für ihn ernst wird. „Es zerfetzt mich jetzt", erklärt er, der die Fetzen seines Ichs noch nie zusammenflicken konnte. Anderson ist kein Fall für die Literaturgeschichte, sondern für die Medizin.

Schon manches Mal habe ich gehofft: Das ist nun der letzte rote Husten, die meisten alten Diktaturfans haben sich endlich zum Begreifen, wenn nicht zum Lob der Freiheit durchgerungen. Aber da war der Wunsch der Vater meiner Zuversicht. Fritz Rudolf Fries, den ich für meinen Freund hielt und der mich verriet, sieht im Zusammenbruch seiner Spitzelwelt nicht den Sieg der republikanischen Demokratie, sondern den Triumph

Hitlers. Schon immer hegte er den Drang zum Höchsten und schmückte sich mit Vertrauten in der Weltliteratur und im Leben. Penibel zählt er Botschaftsempfänge her, Grass habe seiner Gefährtin Komplimente gemacht. So geht das: „Ich freute mich, Grass wiederzusehen. Zuletzt war ich ihm auf dem Hamburger PEN-Kongreß von 1986 begegnet. Wir hatten in der mit schönster Kunst geschmückten Wohnung des Kritikers Fritz J. Raddatz gesessen, zusammen mit Rühmkorf, Kempowski..." Keine Silbe über seine Zuträgerei zum Schaden von Kunert, Schlesinger, Fühmann, Jurek Becker und Stefan Heym.

Ganz und gar verzweifelt wirkt Volker Braun: „Da ist kein Land für mich." Er sieht keine Visionen mehr, das töte die Menschen oder treibe sie zur Gewalt. „Wir haben die Morgenröte entrollt, um in der Dämmerung zu wohnen." Armer Büchner-Preisträger. Ich reise über die getilgte Grenze bei Helmstedt, schaue angestrengt nach letzten Spuren, und meist finde ich noch nicht einmal die. Ich erlebe Europa voller Hoffnung: Nie mehr werden in Flandern Kanonen donnern oder Bomben auf Engeland fallen, nie mehr Panzer in der Stalinallee, in Bitterfeld und Prag die Freiheit niederwalzen. Kein Buchenwald mehr in zwiefacher Funktion. Auf dem Balkan wächst sehr langsam die Demokratie. Ich lebe nicht in der Dämmerung, mein Freund, und bin zehnmal fröhlicher als du. Es könnte sein, in deiner Lebenserfahrung und Herzensbildung fehlen bloß ein paar Jährchen Knast; drei, vier bewirken bisweilen Wunder. Denn, so lehrt uns Heinrich Heine, die Freiheitsliebe ist eine Kerkerpflanze.

Elf ehemalige Stasi-Generäle und neun weitere hohe Offiziere Mielkes versammelten ihre Arbeitsberichte in zwei Bänden von etwa tausend Seiten. Die Errichtung des sozialistischen deutschen Staates, so ihr Ansatz, sei ebenso gerechtfertigt gewesen wie dessen Schutz. Eine reine Rechtfertigungsschrift ohne Selbstkritik oder gar Reue entstand. Der imperialistische Feind griff an, die Abwehr sei maßvoll und korrekt geführt worden, präventiv zum Schutze des Friedens. Menschenraub? Nie gehört. Bisweilen seien auch Versäumnisse zu beklagen gewesen, so habe das MfS im Frühjahr 1953, vor dem Aufstand des 17. Juni, „die Gefahr nicht rechtzeitig erkannt." Das Vorwort steuerte dieser Diestel bei, der letzte Innenminister der DDR. Er beklagt die „vergiftete Atmosphäre" im heutigen Deutschland, die „der Einheit entgegensteht." Schuld daran trage vor allem die Gauck-Behörde. „Deren Opfer bleiben ebenso unvergessen wie die des MfS."

Als diese Schrift, „Die Sicherheit", in Berlin vorgestellt wurde, versammelten sich an die zweihundert verwitterte Greise sowie agile junge PDS-Genossen. Filmen war verboten, die Presse nur selektiert zugelassen. Warum? „Das sagen wir aus guten Gründen nicht." Immerhin: Im Saal sei ein Aufstand geplant. Der blieb aus. Vorbereitete Diskussionsbeiträge wurden verlesen, Fragen ausweichend beantwortet. Als ein ehemaliger Häftling über seine Erlebnisse mit dem MfS in Hohenschönhausen sprechen wollte, verwies ihn die Versammlungsleitung des Saales. Selbstverständlich zeigten sich alle Anwesenden mit dem Urteil des Bundesverfassungsgerichts in Sachen Dr. Kohl hoch zufrieden. Am Ende pochten die ehemaligen Staatsschützer stolz darauf, daß trotz zigtausend Ermittlungsverfahren gegen MfS-Mitarbeiter es zu keiner einzigen Verurteilung gekommen sei. Mit Verlaub, Herr Diestel, *wer* sind dann die Opfer Gaucks?

Auch das „Haus des Buches" zu Leipzig mochte nicht in den Geruch geraten, das allerfreieste Wort, das eines Andersdenkenden, von seiner Schwelle zu bannen. Diese überschritt, gefolgt von der Schar seiner Getreuen, Mielkes ehemaliger Stellvertreter Markus Wolf und fand freundliche Lesestatt. Er bot Sequenzen aus „Freunde sterben nicht", einem Buch „über Menschen", so die volle Schmeicheleinheit der Buchhaus-Ankündigung, „denen er im Laufe seines Lebens begegnet ist und die zu Freunden wurden. Ein Buch der Resümees und der Gefühle, das das Denken eines Mannes zeigt, der ein großes Maß an Verantwortung für die Geschicke der vergangenen DDR trug und zu dieser Verantwortung steht." Die Gefühle des Markus Wolf – wer wollte da herzlos wirken. Ein starkes Berliner Verlagskonsortium organisierte 27 Lesungen deutschlandweit. Der Mitteldeutsche Rundfunk lud zum Fernsehtalk. Ich gehe gewiß nicht fehl, wenn ich dieses Haus als starke Konzentration von ehemaligen Stasi-Mitarbeitern und SED-Kadern, die bis 1989 treu zum Arbeiter- und Bauernstaat standen, „Genossen der letzten Stunde" also, bezeichne. In der Sendung „Riverboat" passierte nichts, was nicht Dutzende Male in ähnlichen Runden geschehen war. Wolf steckte Angriffe („Frechheit!" – „Sie sind ja immer noch stolz auf Ihre Untaten!") unberührt weg, gab wenig zu und nichts preis und versicherte amüsiert, so werde er es auch künftig halten.

Reinhold Andert, Liedermacher dereinst, mutet uns wieder seine Honecker-Erlebnisse und -Theorien zu. Gattin Margot sei des Staatsratsvorsitzenden böser Geist gewesen; natürlich fehlt nicht, sie habe mit Wolf Biermann am Küchentisch dessen Ausbürgerung ertüftelt.

„Wolf Biermann hatte diesen Rummel beabsichtigt. Margot Honecker dagegen erging es wie dem Zauberlehrling, der die Geister, die er gerufen hatte, nicht mehr los wurde." Ach ja, hätte Honecker, vertraute er Andert unter vier Augen an, ihn eher kennengelernt, wäre er als Nachfolger aufgebaut worden und nicht jener Krenz. Da müssen wir dem unerforschlichen Mäandergang der Geschichte recht dankbar sein; es hätte ja alles noch viel schlimmer kommen können.

Rita Kuczynski, eine Philosophin, ließ zwanzig Mal das Tonband laufen, als sie in Ost-Berlin ihre Fragen stellte. Urteile über die DDR fand sie zementiert: Je besser es den Interviewten heute geht, desto brutaler fühlen sie sich über den Tisch gezogen. „Die trällernden Brüder und Schwestern", so ein Zitat, „die da mit offenen Armen auf uns zugingen, kamen doch nur, weil hier billig etwas zu holen war." Die Schnäppchen-Theorie von Günter Grass. Die alten Genossen wollen sich die DDR nicht schlecht reden lassen von denen, die nicht dabei waren. Sogar die Ansicht wird vertreten, früher sei es „irgendwie" spannender gewesen, weil man nie wußte, was die Kaufhalle feilhielt. Schöne, abenteuerliche Mangelwirtschaft! Die Autorin: „Ich wollte einfach hören, was sie sagen. Und ich war tief erschrocken." Ihr Buch heißt: „Die Rache der Ostdeutschen."

Das lehrte uns Marion Gräfin Dönhoff: „Nicht nur der Erfolg ist entscheidend, sondern der Geist, aus dem heraus gehandelt wird." Aus dem Geist absoluten Verachtens freiheitlichen Prinzips heraus handelte Werner Mittenzwei, als er seinen Dickleiber „Die Intellektuellen" schrieb. Schon der Titel ist anmaßend und irreführend. Schauplatz ist Berlin zwischen dem Brandenburger Tor und Pankow, seine Figuren sind Schriftsteller und Literaturwissenschaftler um die Akademie und den Aufbau-Verlag. Er schildert deren Leben keineswegs auch an den Beispielen ihres Versagens, sondern verklärt sie als Opfer heutiger Sicht. Jürgen Kuczynski wird als der Autor vom „Dialog mit meinem Urenkel" gelobt, daß er auch eines der finstersten Bücher des Stalinismus in der DDR schrieb, „Fortschrittliche Wissenschaft" von 1951, wird verschwiegen. Stephan Hermlin ist für Mittenzwei der Protestler gegen die Ausbürgerung Biermanns, geduldiger Berater sturer Apparatschiks und Opfer des Aufklärers Karl Corino. Die frühen Lobpreisungen Stalins bleiben ebenso unerwähnt wie spätere Attacken gegen „Ausreiser" und „Kriminelle" unter uns Emigranten. Wolfgang Harich gilt ihm als junger strahlender Revoluzzer, nicht aber als verkalkter Wüterich gegen Nietzsche und Heiner Müller. Wir in Bautzen II erlebten Harich als Verzinker; nach der Haft bot er der Stasi seine Dienste an.

Für Mittenzwei bricht 1989 eine Welt zusammen und beginnt ein Jammertal von Haß und Verfolgung. Als Hoffnungsstrohhalm erscheint ihm der fatale Aufruf „Für unser Land", mit dem die Don Quixotes der DDR ein letztes Mal versuchten, ihre Illusionen zu retten. Aber die Sancho Panzas waren längst mit pappenen Trabant-Eseln zu neuen Ufern unterwegs. Mittenzwei beklagt die neuen Leiden der ehemals Privilegierten, die sich nun nicht mehr als Fürstenerzieher fühlen durften, selbst „Reisekader" war nichts Besonderes mehr. Keine Zensur schützte sie fürderhin vor mißliebiger Konkurrenz, sie mußten erfahren: Auch andere können schreiben. Zornerfüllt betrachtet Mittenzwei die Gauck-

Behörde. Während die ehemals Verfolgten erfuhren, wie sie bespitzelt, gedemütigt und „zersetzt" worden waren, sieht Mittenzwei in ihr das üble Gegenteil: „Mit Hilfe der Akten konnte man gezielt aussondern und jederzeit unerwartet eingreifen, wenn es Bedarf für politisches Handeln gab. So wurde die Behörde zu einem Instrument, mit dem man Diffamierung und Liquidierung der sozialistischen Intelligenz betrieb." Mit dem Wort „Liquidierung" sollte ein alter Leninist sorgsamer umgehen. Spitzel werden zu Opfern: Fries sah sich durch die Presse „mit Stasivorwürfen malträtiert". Neben Biermann, den Mittenzwei als Thersites der DDR bezeichnet, wächst so Joachim Gauck zum Widerling ersten Ranges heran. Thersites aber war unter den Griechen Homers der mieseste und feigste, den Achill wie einen räudigen Hund erschlug. Mittenzweis Verdikt ist nicht singulär – vor Jahren war es Grass, der Gauck einen „Großinquisitor" nannte.

Mittenzwei hat seine Niederlage von 1989 nicht überwunden und nennt die neunziger Jahre „das Jahrzehnt der Schmähungen". Selten hat ein Repräsentant der abgehalfterten DDR-Elite so unverstellt aus seinem Herzen keine Mördergrube gemacht. Am Ende geht es ihm um nichts weniger als die Menschheit. „Deshalb wird ihr nichts anderes übrig bleiben, will sie überleben, das Experiment der Umwälzung aller bisherigen Verhältnisse in radikal erneuerter Fassung zu wiederholen. Die Wissenschaft, die Theorie liefert dazu noch keinen Fingerzeig. Auch sollte man nicht so sicher sein, daß ein zweiter Anlauf gelingt. Der Fortschritt ist kein kontinuierliches Fortschreiten. Dazwischen liegen Katastrophen."

Das hatten wir in einem Witz, in dem Lenin aus dem Sarkophag heraus seinen Genossen zuruft: „Zurück in die Schweiz! Alles noch mal von vorn!"

Radikale Umwälzung aller Verhältnisse, Revolution also – bitte, bitte nicht schon wieder!

Zwölf Jahre nach dem Ableben der DDR ist es nötig, in alten Dunkelkammern zu stöbern und Staub zu wischen. Denn die Vergangenheit ist nicht tot, wie wir längst wissen, sie ist nicht einmal vergangen, und mancher Klassenkampfhahn noch immer nicht auf der republikanischen Seite angekommen. Auch ist nicht zwingend, daß die grausame Niederlage der PDS bei der Bundestagswahl vom September 2002 allen Autoren leninistischer Denkart die Tinte gefrieren ließe. Es war nie ihre Art, vor der Realität in die Knie zu gehen, dialektische Sprungtechniken ermöglichen ein Trotz alledem.

In dieser Erzählung soll deshalb von der absurden Torheit Mächtiger berichtet werden, einen Roman zu fürchten, in dem sich ein junger Ingenieur, halbherzig aufgestiegener Werkzeugmacher, vor ihnen ein wenig ängstigt, ihnen noch nicht einmal Widerstand entgegensetzt, sondern vor allem hofft, in Ruhe gelassen zu werden. Am Ende wird sich herausstellen, daß vieles banaler und in niederen Gefilden vonstatten ging als vermutet. Fakten und Zitate mögen deutlicher sprechen als Kommentare, und es soll nichts entstellt, verzerrt oder verschwiegen werden, so wahr mir meine Sorgfalt helfe.

Dezember 2002   Erich Loest

1. Kapitel

Ein Roman wird geschrieben

Er war gesund, lebte einträchtig mit seiner Familie, die Arbeit ging ihm von der Hand, er glaubte sich umgeben von verläßlichen Freunden. Manchmal, wenn sie an Sonntagen durchs Leipziger Land streiften oder des Abends zusammensaßen, redeten sie auf ihn ein: Bist nun lange genug aus dem Knast raus, hast deinen Magen kuriert, mit Kriminalromanen so viel verdient, daß du nicht hinter jeder Mark herrennen mußt. Nun schreib wieder was, das Hand und Fuß hat! Er fühlte sich sanft geschmeichelt und leicht unbehaglich unter dem wohlgemeinten Druck.

Auch für das Land, in dem er lebte, begannen die siebziger Jahre nicht übel. Honecker hatte mit Breschnews Hilfe den altersstarren Ulbricht aufs Altenteil gedrängt und ein Wirtschaftsprogramm verkündet, das den kommunistischen Überfluß zwar weiterhin auf einen fernen Tag verschob und die große Freiheit sowieso, aber den, der da arbeitete, schon unterdessen von den Früchten seines Fleißes kosten lassen wollte. Untere Renten und Löhne stiegen, ein klotziges Wohnungsbauprogramm klang gut in vieler Ohren. Die Auslagen in den Geschäften zeigten sich bunter, denn nicht alles, was sich verscherbeln ließ, ging in den Export. Eine Form von Sozialismus schien sich anzubahnen, von der jeder etwas haben sollte, der die Hände rührte. Als die Araber, weil es auf dem Sinai wieder einmal krachte, den Ölpreis nach oben peitschten, lobten Politiker und Zeitungen der DDR dies als berechtigten Schlag gegen den aggressiven Weltimperialismus mit seiner Speerspitze Israel. Niemand in der DDR besaß eine Vorstellung, wie böse die Ölverteuerung sehr bald aufs eigene Ländle einschlagen sollte.

Auch für das quirlige Häufchen der Schriftsteller und Künstler schien ein zaghafter Frühling angebrochen zu sein. Honecker hatte erklärt, seiner Meinung nach könne es für Kunst und Literatur keine Tabus geben, vorausgesetzt, man gehe von fester sozialistischer Position aus. Nach einer ersten Verlockung fixierte er den Eckpunkt freilich so, daß sich der Spielraum sofort verengte – gleichviel, gern bereit, das Beste für sich selbst zu hoffen, hoben die Schriftsteller die Nasen in den frischen Wind. Eifrig wendeten sie Honeckers These, fanden sie verbindlich oder verschwommen, je nach dem Grade der Unverrückbarkeit ihres Glaubens in die heilige Sache des Sozialismus oder der Prügel, die sie schon von den eigenen Leuten bezogen hatten. Was soll das Gerede, sagte sich unser Mann, der Prüfstein ist immer die Praxis. Wir sollten nicht herumklamüsern, sondern konfliktreiche, herzhafte Geschichten und Romane auf den Tisch legen, und dann wollen wir mal sehen.

Es blieb ja nicht bei der wohlklingenden Theorie. Kulturfunktionäre, angeführt von Kurt Hager aus dem Politbüro und Minister Hoffmann, machten sich daran, Wunden zu heilen, die sie selber geschlagen hatten. Das Unwetter des 11. Plenums des Zentralkomitees vom kalten Winter 1965 hatte Bücher unterdrückt, Filme ins Archiv verbannt, Dutzende von Vorhaben dorren lassen. Jetzt redeten die alten Blitzeschleuderer behutsam mit den Getroffenen von damals, Übereinkünfte wurden erzielt. Stefan Heyms bisher nur unter Verletzung von Rechtsbestimmungen im Ausland erschienene Bücher über Lasalle und Defoe wurden in der DDR aufgelegt. Kunert, Hermlin, Kunze galten als keine Bösewichter mehr, sondern zählten wieder zum vielgestaltigen, handschriftenreichen kulturellen Leben. Einer nur stellte sich störrisch; auch er hätte einen Band haben können, bestand aber darauf, ein Gedicht über den Prager Frühling müsse darin stehen: Wolf Biermann. Alles oder nichts! Da zuckten die Genossen die Schultern. Wie konnte einer nur so halsstarrig sein! Zeigten sie selber nicht den verbindlichsten Willen? Milde Winde wehten aus den Zentralen in die Verlagshäuser, Filmstudios, die Ateliers der Maler, die Probebühnen. Keine Tabus, wenn man... Auch L. hörte das gern.

Er war Ende Vierzig und wohnte in einer geräumigen Wohnung in einem Mietshaus, erbaut um die Jahrhundertwende in der Oststraße in Leipzig. Früh hatte er als Talent gegolten, sich dann zu heftig in die Debatten nach dem 17. Juni 1953 und dem XX. Parteitag der KPdSU 1956 eingemischt, hatte Demokratisierung der Partei und des Staats gefordert, war gerügt und schließlich als angeblicher Konterrevolutionär zu siebeneinhalb Jahren Zuchthaus verurteilt worden, von denen er sieben in Bautzen absaß. Nun war er wieder Mitglied des Schriftstellerverbandes und wurde zu Lesungen in Buchhandlungen und Bibliotheken geladen, spielte mit seinen Kollegen, auch den Genossen, nach den Versammlungen Skat, wobei er sich eine Marotte leistete: Er bewahrte das Sie, wo das kollegiale Du dominierte, und argumentierte so: Er habe sich im Zuchthaus von jedem kriminellen Arschloch mit Du anquatschen lassen müssen, jetzt suche er sich seine Duzbrüder selber und außergewöhnlich sorgfältig aus. Er schätzte die Gans und den Karpfen, das Bier und das Kaßler, und als Höhepunkt galt ihm, als seine Schwägerin dank Beziehung zu bäuerlichen Kreisen ein Spanferkel besorgte, als er dem, damit es in die Bratröhre passe, das Rückgrat herausoperierte, als er es sorgsam briet und schließlich, angetan mit Kochmütze und Lederschurz, auf großem Holzbrett tranchierte.

Eine halbe Stunde Weg durch einen alten Friedhof: Da ragte die Deutsche Bücherei, zu deren Schätzen er wallfahrtete. Ein paar Straßenbahnstationen am Völkerschlachtdenkmal vorbei: Beim Fußballclub Lokomotive Leipzig hatte er hospitiert, damit ihm sein Roman „Der elfte Mann" milieugerecht gelänge, dort schüttelte er samstags den Kopf über erbärmliche Holzerei. Er radelte über Land und schwamm sommers in Kiesgruben und Steinbrüchen, schrieb lustige Geschichten für den „Eulenspiegel", das satirische Blatt der Hauptstadt, und beinahe jedes Jahr einmal stieg er mit seiner Frau Annelies in die Lüfte, um jenen Teil der Welt kennenzulernen, der ihm zugänglich war: Sofia und Budapest, Leningrad und die Krim.

Also wieder ein ernsthaftes Buch – das beschäftigte ihn beim Fensterrahmenstreichen und beim Briefmarkentausch, beim Gespräch mit seinen Söhnen und deren Freunden, er erwog und verwarf, baute Szenen auf und ab, suchte nach einem *Problem*, das allgemein war und das noch kein Schriftsteller aufgegriffen hatte, eine offene Frage dieser siebziger Jahre in seinem Leipzig. Langsam, später kaum nachvollziehbar, schälte sich heraus:

Überall lebten Leute Mitte oder Ende Zwanzig, die den Sprung auf die Erweiterte Oberschule geschafft, das Abitur abgelegt, studiert und das Staatsexamen bestanden hatten. Sie waren als Ingenieur oder Physiker, Zahnarzt oder Lehrer nach vielen Klippen angekommen, und auf einmal kräuselte sich um sie ungewohnt ruhiges Wasser, keine Wellen bedrohten oder spülten hoch, still ging alles seinen Gang. Das war für manche verwunderlich und für einige bestürzend. Der Arbeitstag strich dahin mit Mühen, die die Planwirtschaft bereithielt, mit Improvisation und mildem Pfusch, ohne den jedes Rad sofort stehengeblieben wäre. Aufstiegschancen waren rar, denn Vierzig- bis Fünfzigjährige besetzten die Stellen über ihnen, und so viele Autounfälle und Herzinfarkte waren gar nicht denkbar, daß da nennenswerte Lücken gerissen werden könnten. Wer sich jetzt noch weiter nach oben büffeln wollte, mußte sich durch die Ochsentour mehrjährigen Fernstudiums quälen, da gingen Feierabend und Wochenenden drauf. Und das, damit man im Monat hundert Mark mehr verdiente? Ein Mann dieser Art war im Normalfall verheiratet und hatte ein Kind, eine Neubauwohnung und ein kleines Auto vom Typ Trabant. Seine Frau stand ebenfalls im Beruf, sie besaßen Fernseher und Schrankwand, jagten jährlich einem Ferienplatz an der Ostsee oder am Schwarzen Meer nach, und manche feierten ein sonderbares Fest: „Noch vierzig Jahre bis zur Rente."

Ein Ingenieur als Held, gutartiger Durchschnittsmann, neben ihm eine hübsche ehrgeizige Frau, ein Töchterchen, und wohnen sollten sie halbwegs zwischen L.s Wohnung und der Deutschen Bücherei, im Neubauviertel an der „Straße des 18. Oktober", für das er das Kürzel „Oktoberbeton" erfand. Geboren vor 25 Jahren, 1949 also, siehe da, da war die DDR gerade gegründet worden. Aufgewachsen im Arbeiterviertel nahe der Thälmannstraße, wo die Dächer bröckelten, der Schwamm in den Mauern aufstieg und der Putz von den Fassaden fiel. Dort wohnte noch die Mutter. Der Vater – nun mal nicht zu viele Figuren für den Anfang, beschloß der Autor haushälterisch, das werden dann ja sowieso immer mehr. Wie wäre das: Der Vater hat sich lange vor der Mauer in den Westen davongemacht?

Also ein Ingenieur. Und L. ging zum FDGB, dem Freien Deutschen Gewerkschaftsbund, Bezirksleitung Leipzig, und berichtete dem Sekretär für Kultur, was er plante. Er traf auf einen beweglichen Mann, den es freute, seine Funktion mit Leben zu füllen. Hospitieren in einem Werk – natürlich ließe sich das deichseln! Ein sauberer Betrieb sollte es sein, der ein kompliziertes Produkt mit moderner Technologie herstellte, nicht etwa eine vergammelte Gießerei aus dem vorigen Jahrhundert. Da wüßte er was, und der Sekretär schilderte den Maschinen- und Apparatebau in Schkeuditz vor den Toren der Stadt, dort würden Kühlaggregate für Eisenbahnwaggons gefertigt, er kenne da ein paar vernünftige Leute, mit denen wolle er reden.

Nicht lange, und der neugierige Autor stellte sich in Schkeuditz dem Gewerkschaftssekretär vor und saß in der Leitungsrunde der Abteilung, die für die Rationalisierung zuständig war. Er sagte sein Sprüchlein auf: Er bitte darum, hier für einige Zeit ein- und ausgehen zu dürfen, er wolle niemanden stören, sondern nur leise über die Schulter schauen, ums Milieu gehe es ihm, um die Echtheit der Gedanken und der Sprache, um Hoff-

nungen und Wünsche, Schwierigkeiten, um Glück und
Sorgen, ums volle Menschenleben in fünf langen
wöchentlichen Arbeitstagen. Diplomingenieure und
Ingenieure hörten ihm höflich und ein wenig unsicher zu,
so was hatten sie ja noch nicht erlebt. Dann stellten sie
einen ab, der dem Hospitanten ihr Reich erklären sollte,
und die beiden stiefelten los.

Die Hallen waren weit und hoch, die Räume dazwischen breit, und überall blühten Rosen. Denn dieser
Betrieb war errichtet worden, als der Ehrgeiz der DDR-
Führung dahin ging, eine eigene Flugzeugindustrie auf-
zubauen. Rümpfe und Tragflächen hatten hier montiert,
Flugzeuge mit Spannweiten bis fünfzig Meter über die
Werkstraßen gezogen werden sollen, aber dann kam
alles anders. Der Prototyp zerschellte an einem Schorn-
stein, bald darauf fand die Staatsspitze, daß es doch
nicht rentabel sei, im kleinen Land einen Alleingang zu
wagen und die DDR die benötigten Flugzeuge besser in
der Sowjetunion kaufte. Milliarden waren verpulvert –
L. entsann sich, auf dem Zuchthaushof von Bautzen mit
einem der geschaßten Lenker dieses hochfliegenden
Unternehmens Volleyball gespielt zu haben; der Mann
war, wenn er sich recht erinnerte, wegen Sabotage, Spio-
nage und einigen minderen Delikten zu zweimal lebens-
länglich plus zehn Jahren Zuchthaus verurteilt worden.
Also halt und kehrt – nun wurden hier kleinere Brötchen
gebacken, man wäre auch mit halb so großen Hallen
ausgekommen, aber natürlich arbeitete es sich gut in
Licht und Luft. Der Ingenieur streute technische Details
die Menge ein, die L. nicht verstand, und war verwundert, daß L. sich nicht die kleinste Notiz machte. Der
Schriftsteller erklärte es ihm: Nicht auf Zahlen und

Fachprobleme komme es ihm an, mit denen würde ein Prosawerk nur belastet, vielmehr wolle er dem Volk aufs Maul schauen, und daß der Ingenieur eben die komplizierte elektronische Steueranlage als „Mimik" bezeichnet und formuliert habe, mit ihr „käme man nicht aus der Hüfte raus", sei für ihn ein gefundenes Fressen.

Immer wieder fuhr er hinaus nach Schkeuditz, war bei Beratungen dabei, saß in der Kantine, hörte von Ärger und Spaß, von Zorn und Freude. Einmal las er aus einem früheren Buch und hoffte auf Diskussion, sie blieb blaß. Sechsunddreißig Ingenieure besaßen zusammen mehr als fünfzig Autos, einige waren Musikkenner mit staunenswertem Schallplattenbestand, einer züchtete Orchideen und einer Deutsche Doggen, sie bastelten an Häusern und Datschen und waren immerzu auf der Jagd nach Baumaterial und Ersatzteilen. Aber nur vier lasen regelmäßig und fanden es spannend, die Zeugung und vielleicht die Geburt eines Romans mitzuerleben.

Wie sollte der Held heißen? Wolfgang Wülff. Seine Frau: Jutta. Als Wülff sechzehn war, hatten die Leipziger Oberen den Kampf gegen die Beatmusik offensiv geführt, hatten Fans durch üblen Trick auf den Leuschnerplatz gelockt und mit Polizeihunden und dem Strahl eines Wasserwerfers sozialistische Kulturpolitik demonstriert – der Autor war dabei gewesen. Da war sein Wolfgang also von einem Polizeihund gebissen worden, hatte sein Urerlebnis mit der Macht gehabt, jetzt sollte er nach dem Willen seiner Frau zum Diplomer aufsteigen.

L. ließ Wülff bei seiner Mutter in der Küche hocken oder mit einem älteren Kollegen debattieren, der in den Aufbaujahren der DDR so manche Schramme abbekommen hatte. Er horchte einer Redewendung nach, die bei jeder Gelegenheit angewendet wurde: „Es geht seinen Gang" sagten die Leute, wenn sie ausdrücken wollten, daß es bei der Besorgung eines Autoreifens, eines Sacks Zement, eines Kasten guten Bieres oder eines Klempners zwar unkalkulierbare Schwierigkeiten geben werde, aber irgendwie kriege man es schon hin. Er vermutete, in diesem Satz liege sogar die Hoffnung, man werde sich trotz aller Last und Mühe zu einem erträglichen Sozialismus durchwursteln. Heiterkeit und Kraft, Gelassenheit und Findigkeit wollte er heraushören und fand den Satz sächsisch, nicht preußisch, beileibe nicht stolz. Er deklamierte ihn vor seinen Freunden und bat, ihn abzuschmecken. Klang er als Titel geeignet?

Was war sein Held? Ein Aussteiger nicht wirklich. Schon eher einer, der nachgrübelte, was für einen Sinn es haben sollte, bis zur Erschöpfung zu rackern, zu lernen und nochmals zu lernen, wie Lenin es anempfohlen hatte. War Wülff faul oder genügsam, inwieweit sollte, durfte der Autor über ihn spotten und ihn an den Pranger stellen? Das quälte vorerst nicht und machte sogar einen Teil des Reizes beim Schreiben aus.

Bald berichtete er einem Verleger von diesem Vorhaben. Leiter des Mitteldeutschen Verlags in Halle war Dr. Eberhard Günther, wenige Jahre jünger als er. Eine Zeitlang hatte Günther zur Zensurbehörde gehört, die sich Hauptabteilung für Literatur und Verlagswesen nannte. Dort hatte er einmal einen Fehler gemacht und den Roman „Das Kaninchen bin ich" von Manfred Bieler zum Druck freigegeben. Dieser Roman war verfilmt worden, das 11. Plenum setzte Buch und Film stracks auf den Index. Da war Günther ins Straucheln geraten, hatte sich wieder hochgerappelt und leitete nun einen der größten belletristischen Verlage, der vor allem der Förderung des Nachwuchses verpflichtet war. Günther nickte: Gut, man wolle es miteinander versuchen. Und so schlossen sie am 12. Dezember 1974 einen Förderungsvertrag, in dem es hieß, Autor und Verlag beabsichtigten, einen Roman mit dem Titel „Es geht seinen Gang oder Mühen in unserer Zeit" zu schaffen und zu veröffentlichen. Dafür wollte der Verlag seinem Autor von Dezember 1974 bis Mai 1975 eine Arbeitsbeihilfe von 500 Mark monatlich zukommen lassen. Wenn du ein Stück vorangekommen bist, sagte Günther, kannst du es deinem Lektor zeigen. Der hieß Joachim Hottas, nebenher war er noch der Parteisekretär des Verlags.

Was für ein Glück, einen Roman zu schreiben! Wie Gottvater erschuf er seine Figuren, Jutta und deren Freundin Brigitte, genannt Brischidd, ihr Mann war blind, ein Historiker, auf deren Haus gingen Wülffs zu und fragten sich, was es wohl zu trinken geben werde, Hemus oder Natalie, so hießen gepanschte Weine vom Balkan mit erheblicher Süße, besonders bei DDR-Frauen beliebt. Erzählen in der ersten Person oder in der dritten – und er entschied, so zu tun, als erzähle Wülff selber. Das brachte, wenn es gelang, für den Leser den Eindruck des Unmittelbaren, hatte aber auch seine Tücken: Es war kreuzschwer, über den Horizont des Erzählers hinauszublicken. „Brischidds Zähne waren eine Pracht, bloß wenn sie den Mund überfröhlich aufriß, sah man hier und da eine Plombe. Das registrierte ich natürlich nicht alles auf den ersten Blick..."

Mit einem der Ingenieure von Schkeuditz saß er im Klubraum und fragte: Was ist bei euch das Schwerste,

Schlimmste? Der Mann dachte nach, dann antwortete er: Wenn man ein halbes oder ganzes Jahr in einer Arbeit steckt, wenn man sich reingekniet hat, wenn's erst gar nicht klappen wollte, und dann siehst du Land, wurstelst dich durch, die Arbeit ist zur Hälfte, zu zwei Dritteln geschafft, und auf einmal ordnet der Chef an: Kommando zurück, wir brauchen das alles nicht mehr, der Auftrag ist zurückgezogen. Oder: Wir beziehen das Zeug billiger von den Ungarn, oder: Anweisung von Berlin, ich weiß auch nicht warum, jedenfalls alles in den Papierkorb, und morgen fängst du was Neues an. Und wann, fragte L., kriegt ein Leiter einen Herzinfarkt?

Seine Methode war es immer gewesen, Geschriebenes portionsweise abtippen und die Durchschläge kursieren zu lassen. Jetzt verbreitete er: „Die Streitmacht verschwand zur Ringbebauung hin, noch einmal kündigte der Polizeisprecher polizeiliche Maßnahmen an, und ich dachte, wenn sie nicht endlich Ernst machten, kam ich noch zu spät zum Essen. Da rückten in breiter Front Bereitschaftspolizisten mit gezogenem Knüppel vom Ringcafé her an, manche hielten Hunde an den Leinen, schöne, scharfe Schäferhunde ohne Beißkorb, und von der Tauchnitzbrücke her stieß der Wasserwerfer vor. Wir türmten in die Peterstraße hinein..."

So etwas war in der DDR-Literatur nicht geschrieben, zumindest nicht gedruckt worden. Was war nun die feste sozialistische Position, von der ausgegangen werden mußte? Die des Polizeioffiziers, die seines Opfers Wolfgang Wülff? Jetzt darfst du nicht nach rechts oder links schielen, sagte sich L., du mußt schreiben, wie *du* die Dinge siehst. Damals waren die Mächtigen Leipzigs meilenweit übers Ziel hinausgeschossen, von Verhältnismäßigkeit der Mittel war nicht die Rede, man kann niemanden mit dem Gummiknüppel überzeugen, daß ein ukrainisches Volkslied edler und fortschrittlicher ist als ein Song der Beatles. Jetzt mußt du diese Linie halten, sonst entsteht ein saft- und kraftloses Romänchen, da hättest du auch bei deinen Krimis bleiben können. Und so notierte er über die Kapitel, die er seinen Freunden zu lesen gab: „Ich bitte mir zu sagen, was Du für langweilig hältst oder worüber Du eine andere Meinung hast, wo unsere Erfahrungen auseinandergehen. Aber eines verbiete ich: Niemand darf zu mir sagen: Was Du da geschrieben hast, *druckt sowieso keiner!* Ich kann jetzt keinen inneren Zensor gebrauchen." So hieß ein Zankapfel unter Schriftstellern und Funktionären: Manche forderten den inneren Zensor, der sich immer dann melden sollte, wenn dem Schreiber etwas in die Feder rutschte, das womöglich von Feinden des Sozialismus ausgenutzt werden konnte. Da sollte jenes kleine grüne Männchen im Ohr am Trommelfell kratzen: So nicht! Andere Autoren hielten dagegen, derlei Selbstbeschneidung würde hemmen, verderben. Unser Mann hatte für sich entschieden, es wäre der äußeren Zensur von Verlag und Ministerium schon genug, jetzt wollte er sich unbeschadet künftigen und wahrscheinlich unausbleiblichen Ärgers keine Zügel anlegen. Trotz der Mahnung an seine Freunde hörte er doch davon, daß der eine zum anderen unkte: Ist ja gut und schön, was der Erich da macht, aber ein *Buch wird das nie!*

Zwanzig Jahre später, in einer Festschrift zu L.s 70. Geburtstag, schrieb Friedrich Dieckmann über diese Situation: „Es ist, als ob sein vorheriges Werk nur Zurüstung und Vorbereitung auf diesen Roman gewesen sei, mit dem ein fast Fünfzigjähriger den Entschluß faßte, er selbst zu werden."

Im Verhältnis zum Mitteldeutschen Verlag stand vieles im argen. Vor Jahren hatte ihm ein anderer Leiter die Rechte am Roman „Der elfte Mann" zurückgegeben, weil er partout keine Nachauflage bringen wollte. Ein Bild-Text-Band über Polen war im Gespräch, über ihn gab es noch keinen Vertrag. Zögerlich, schlampig ging es zu, Vereinbarungen wurden nicht eingehalten. Im Hintergrund der Zusammenarbeit am neuen Roman sollte Gert Noglik agieren, ein erfahrener Lektor nahe der Altersgrenze, den er seit zwei Jahrzehnten kannte; der las die eine oder andere Manuskriptstelle und hielt sich mit dem Urteil merkwürdig zurück. Noglik gab sich als Bildungsbürger, trat stets mit Krawatte auf und empfing seine Besucher in einem Einfamilienhaus mit solidem Zuschnitt und schönen Malereien. Noglik und L. rissen manchen Witz über sture, ungebildete Funktionäre, denen sie sich überlegen fühlten, aber was sollte man machen. Doch nicht nur L. trank dort Steinhäger, auch die MfS-Offiziere Tinneberg und Claus kreuzten ein- oder zwei Mal im Monat auf. Zwischendurch erkundigte sich ein gewißer Beck, ein etwas schmieriger Einarmiger („Arno"), der als Führungs-IM fungierte. Denn die Schar der Spitzel war zu dieser Zeit so angewachsen, daß sie nicht mehr vom hauptamtlichen Apparat gesteuert werden konnte, folglich betreute der Inoffizielle Mitarbeiter Beck ein Netz von etwa fünfzehn Zuträgern. Das wurde irgendwann wegen undichter Stellen aufgelöst.

Vor allem fragten die MfS-Leute nach Ereignissen im Mitteldeutschen Verlag, auch für Klatsch nebst Neuigkeiten aus der Nachbarschaft hatten sie ein geneigtes

Ohr. Nie lieferte Noglik einen schriftlichen Bericht; seine Partner aber legten sofort nach dem Besuch Aktennotizen an, so ist dieses Treiben auf die späteren Jahre gekommen. Manches mögen die Protokollanten ein wenig holprig formuliert haben, der Kern war immer echt. Noglik verriet L.s Pläne und Arbeiten, Einkünfte und Verbindungen zu anderen Verlagen. Einmal bot er an, ein Manuskript – „Schattenboxen" – aus der Ablage des Mitteldeutschen Verlags an sich zu bringen und dem MfS für einige Tage zu überlassen; das würde im Verlag nicht auffallen. Aus der Fülle seiner Informationen: Der IM „erfuhr von der Schriftstellerin Marianne Bruhns, daß der S.-Fischer-Verlag (Westdeutschland) Geschichten des DDR-Autoren Reiner Kunze (Gera) publiziert. Die Bruhns stellte dies anläßlich ihrer WD-Reise im Frühjahr d. J. fest. Maßnahme: Inform. an BV Gera HA XX/7."

In diesen Tagen hatte Noglik (IM „Schubert") Bedenkliches zu berichten. Lektor Hottas, zugleich Parteisekretär, habe sicherlich nicht begriffen, was auf ihn zukomme und wisse auch nicht, wie die Sache weitergehen könnte. 90 Seiten des Loestschen Buches lägen vor, weitere 60 seien wohl bald fertig. Schubert habe ein Gutachten verfaßt und es Hottas gegeben. „Ihm ist allerdings nicht bekannt, ob Hottas die Ausarbeitung Loest gegeben oder auszugsweise mit ihm darüber gesprochen hat. Schubert bat mich, die Sache sehr vertraulich zu behandeln. Er gab mir seine Ausarbeitung kurz zu lesen. Schubert sagt, es sei keinesfalls ein staatsfeindlicher Roman, aber so, wie jetzt die Sache aussehe, ginge es nicht. Man kann nicht eine miese Type darstellen, ohne die Entwicklung zum Fortschritt darzustellen. Man könne Kritik schreiben, aber so, daß der Fortschritt sichtbar wird, sonst sei die Aufgabe der Literatur mißachtet."

Major Tinneberg legte folgende Maßnahmen fest: Noglik wird das Manuskript auf jeden Fall erhalten, wenn Loest es einreicht. Gibt es die Möglichkeit, eine Veröffentlichung mit politisch provokativer Aussage zu verhindern, dann durch Einflußnahme auf Loest, durch Ablehnung wegen literarischer Schwächen oder durch Bindung, der keine Veröffentlichung folgt. Auch müßte vertraglich ausgeschlossen werden, daß Loest wegen Ablehnung zu einem anderen Verlag wechseln kann.

Während L. seinen Lektor Hottas schlicht für faul hielt, steckte der, selber IM unter dem Decknamen „Willi", in argen Schwierigkeiten. L. schrieb ihm: „Lieber Kollege Hottas, ich bedaure sehr, daß ich abermals mahnen muß. Am 11. 4. schrieb ich, am 18. 5. mahnte ich, am 22. 5. warst Du hier. Wir verabredeten, daß Du mit Heinz Sachs sprechen und danach einen Antrag auf Nachauflage stellen wolltest. Darüber ist nun ein Monat vergangen, ohne daß ich ein Sterbenswörtchen gehört hätte. So möchte es nicht weitergehen, bitte." Mit einer Nachauflage war „Der 11. Mann" gemeint.

Aber es ging so weiter. Günther und Hottas waren auf Dienstreise, zur Kur, im Urlaub, unabkömmlich, in Berlin, in dringenden Gesprächen mit anderen Autoren unterwegs. Zwischen ihnen stand noch die Cheflektorin Helga Duty, die aus dem Parteiapparat stammte. Von ihr erwartete L. sowieso keine Hilfe.

Er schrieb. Drei Seiten am Tag waren seine Norm, gelegentlich brachte er es auf vier. Auch wenn kurze Lesereisen dazwischenkamen, wenn an manchem Nachmittag die Sonne lockte, wenn er immer wieder in

Schkeuditz hospitierte: An die fünfzig Seiten pro Monat kamen zusammen. Sie wurden überarbeitet, abgetippt. Im Sommer schwamm er in mecklenburgischen Seen fern von jedem Tourismustrubel, ließ sich von einem alten Knastkumpel, der dort Fischer war, staunenswerte Mengen von Aal servieren, und als er zurückkam, prahlte er, Annelies und er hätten die Aal-Jahresration eines normalen Landkreises vertilgt. Seinen Wülff ließ er nördliche Ruhe preisen:

„Ich pilgerte das Zeltplätzchen ab und besah Klo und Pumpe und Abfallgrube und drei Stege, die in den See hinausgebaut waren, ich grüßte alle Leute und traf den Mann aus Wurzen wieder, der mich nun schon duzte. Hier wäre Ruhe, sagte er, gestern hätten sie drei Jugendliche fortgepelzt, die geglaubt hatten, sie müßten ihre Heule aufdrehen. Morgen könnte ich mit ihm nach Zwenzow fahren und mich anmelden und Bier kaufen, und wenn ich nichts Besseres vorhätte, könnte ich mit ihm und seiner Frau am Abend ein Bier trinken. Die Formulierung: ,Wenn du nichts Besseres vorhast' fand ich bestechend."

Wie war das in diesem Herbst 1975, als er ins heiße Leipzig zurückkam? Hockten da während der Messe Besucher aus der Bundesrepublik bei ihm, tranken sie mitgebrachten Whisky und heimisches Bier? Ein Hörspielmann? Ein Funkredakteur? Dieser und jener Journalist?

Neblig klingt es in der Fassung dieses Berichts von 1984, da Tarnung nötig. Die Boten aus Frankfurt am Main hießen Klocke und Hans-Jürgen Schmitt, die aus West-Berlin Bussiek und Liebing. L.s Wohnung war noch nicht verwanzt, so daß Zeugnis durch die Stasi wie in späteren Jahren fehlt. An langen Abenden saßen auch Klaus Schlesinger aus Ost-Berlin und Peter Schneider aus West-Berlin am Tisch, das Protokoll für die Stasi führte IM „Hans Heiner". Höchst erregend erschien alles, was während der Konferenz in Helsinki unterzeichnet worden war. Honecker konnte sich nicht länger als entspannungsfeindlicher Starrkopf aufspielen, der Trend lief gegen ihn. Doch was würde die DDR an Reisemöglichkeiten für die eigenen Bürger praktisch umsetzen, in welchem Maß westliche Journalisten ins Land lassen? Hielt die DDR das aus, und was fiel ihr ein, wenn sie es nicht aushielt? Das waren Themen auch für Günter Kunert, Klaus Poche und Dirk Sager. Eifrig beteiligte sich ein Übersetzer aus Ost-Berlin, Alfred Antkowiak alias IM „Roiber". Er war der eifrigste Stasi-Skribent, dem L. und seine Berliner Freunde nach 1990 auf die Schliche kamen, ideenstrotzender Provokateur und Lügner auch. Natürlich glaubte nach den Enttarnungen niemand ernstlich, die Lieblingsangst des letzten DDR-Innenministers, dieses Diestel, Mord und Totschlag wären die Folgen einer Öffnung der Stasi-Akten, würde sich erfüllen. Aber hin und wieder war zu hören: Schade, daß der Lump „Roiber" unterdessen krepiert ist, dem eins in die Fresse, das hätte schon gut getan.

So sehr der Chronist im Herbst 2002 sein Gedächtnis strapaziert: eine Lücke bleibt. In diesen Tagen gelang es, einen Durchschlag des Manuskripts von „Es geht seinen Gang" in die Bundesrepublik zu expedieren. Nahm ihn ein Besucher mit, darauf vertrauend, daß er als Pressemann nicht gefilzt würde oder sich herausreden könnte, blankes fachliches Interesse liege vor und keinerlei Kontaktaufnahme mit einem Westverlag sei geplant? Half ein

Diplomat? Wie auch immer, ein Exemplar des nun zu zwei Dritteln fertig geglaubten Romans gelangte in die Hände von Gerhard Zwerenz, dem Freund, der 1957 vor der Staatssicherheit geflohen war, die ihn sonst ebenfalls mit Freude nach Bautzen geschickt hätte. Nun wohnte Zwerenz mit seiner Ingrid in Offenbach am Main.

Ach, es schrieb sich leicht, nachdem die wichtigsten Figuren ein- und aufgebaut waren. Konstellationen ergaben sich wie von selbst, der Autor war gespannt darauf, was sich ergeben mußte, wenn Wolfgang Wülff dahinter kam, daß Brischidd, die Frau des blinden Freundes, mit Moritz bändelte. An manchen Samstagen schwamm er nahebei in der Halle des Oktoberbeton und erlebte mit, wie Kinderchen unter Tränen und Gebrüll zum Schwimmen abgerichtet wurden. Er stieg aus dem Wasser und machte sich davon, aber seinen Wülff ließ er ausbaden, wozu er selber zu zurückhaltend, zu besonnen, um nicht zu sagen zu feig war. Das Manuskript blähte sich, wurde zusammengestrichen, noch im Oktober schickte er 163 Manuskriptseiten nach Halle. Nun war er auf Echo gierig, und am 4. November 1975 schrieb er an den Vertragspartner:

„Lieber Joachim Hottas, seit vier Wochen habe ich nichts vom Verlag gehört. Über die zweite Lieferung haben wir nur zwischen Tür und Angel geredet. Mit Herrn Noglik sprach ich am Telefon und wurde nicht so recht klar über die Gründe seiner Skepsis. Nun fühle ich mich in der Luft hängend. Ich habe starke Nerven und kenne Euer Haus; das ist gut so, ein Neuling könnte sich leicht deprimiert fühlen. Inzwischen habe ich einmal vor Eisenbahnern die Szene ‚Schlacht auf dem Leuschnerplatz‘ gelesen. Die Wirkung war ermutigend. Am Mittwoch, 26. 11., wiederhole ich das 19.30 im Informationszentrum am Sachsenplatz. Herr Noglik und Du seid herzlich eingeladen. Jedoch hoffe ich, vorher von Dir zu hören."

Mit heller Erwartung ging er zur Lesung ins Stadtzentrum. Jeden Monat einmal traten hier Leipziger Schriftsteller auf, der Verband organisierte die Folge. Diesmal waren an die siebzig Zuhörer gekommen, das galt als gute Zahl. Er versuchte einen Überblick zu geben, schilderte seine Methode. Dann las er, registrierte Aufmerksamkeit, hier und da Lachen: „Einmal, hab' ich mir vorgenommen, rächst du dich. Vor der Schlacht auf dem Leuschnerplatz war für mich die Welt sauber eingeteilt. Der Feind stand im Westen; die Amerikaner bombardierten Vietnam, Kiesinger war Faschist. Nun biß mich einer unserer Hunde, der eigentlich einen Ami hätte beißen sollen, der Bomben auf Vietnam ausklinkte. Ich schmiß kein Napalm, nach mir hatte gefälligst kein DDR-Hund zu schnappen. Also Rache. Wie? Zwei Jahre später stand ich vor der Musterungskommission; die Armee hätte mich liebend gern für viele Jahre an ihre steingraue Brust gedrückt."

Die Zuhörer merkten, daß hier ein Feuerchen angezündet worden war, und wollten kein Öl hineingießen; sie erwiesen sich als pfiffig, indem sie so taten, als begegnete ihnen nichts Absonderliches. Der Autor hatte erwähnt, neben ihm sitze sein Lektor Hottas – Noglik war nicht gekommen. Ein Zuhörer fragte: Sagen Sie bitte, werden Sie dieses Buch bringen? Und Hottas antwortete munter: Es ist unsere Art, Bücher zu bringen! Beim Hinausgehen murmelte ein Kollege: Du, Erich, ich glaube, es war taktisch nicht klug, daß du ausgerechnet dieses Kapitel gelesen hast. Das hier in unserm Leibzsch! Er zuckte die Schultern: Ach was.

Die Hallenser Verlagsmühle begann sich endlich zu drehen, doch was dabei herauskam, war alles andere als erfreulich. „Mein Gutachten wird Dich verwundern", schrieb Hottas. „Entgegen meiner bisherigen Meinung komme ich zu einer Ablehnung." Und so hieß es weiter: „Loest stellt seinen Wülff zwischen zwei Pole, zwischen die Schlacht auf dem Leuschnerplatz und seinen Chef Grosser. Die Schlacht auf dem Leuschnerplatz macht die Grenzen nach der einen Seite deutlich, d. h., wer etwas tut, was zwar seinen persönlichen Wünschen entspricht, aber offiziell unerwünscht ist, der wird in den Arsch gebissen. Sein Chef Grosser macht die Grenzen nach der anderen Seite deutlich, d. h., wer sich für den Staat ehrgeizig einsetzt, der schwebt immer in der Nähe des Herzinfarkts, der hat immer kleine Kügelchen auf seinem Schreibtisch. Die Schlußfolgerung des Helden: Bewege dich zwischen den beiden Polen, bleibe hübsch ruhig. Ruhe ist die erste Bürgerpflicht." Eine Durchschnittsfigur als Held, die sich nicht beweisen müsse, weich und feige, wenig erregend. Vor allem: „Interessant war die Reaktion des Publikums während der Lesung, während der Diskussion. Diese Reaktion hat mir erst deutlich gemacht, wo die Schwächen in diesem Roman liegen. Gelacht wurde und Bewegung spürte man, wenn der Autor einen Seitenhieb vorlas, der nicht unbedingt zur Handlung gehört. Es fällt mir schwer, feststellen zu müssen, daß der Roman so nicht geht."

Da konnte sich unser Mann hundertmal vorsagen, derlei gehöre zum Berufsrisiko, bei anderen Büchern sei es ähnlich verlaufen, und am Ende seien sie dann doch erschienen. Trotz aller Besänftigungsversuche meldete sich auch diese Warnung: War es vielleicht doch nicht so weit her mit der Versicherung Honeckers, daß es keine Tabus geben solle, vorausgesetzt... ? Oder mußte erst jeder Lektor umerzogen werden, mußte sich selbst umerziehen, bedurfte des Drucks durch den Autor? Wie „ginge" der Roman dann doch? Darüber redeten Hottas und L. kurz darauf. Der Autor gestand zu, dieses und jenes überdenken zu wollen, die Fassung von 163 Seiten, die in Halle liege, sei ja schon überholt, nun werde auch der Schluß bald fertig. Vom Ende aus solle man das ganze betrachten, dann erst bekomme manches seinen Sinn. So schlapp sei Wülff doch gar nicht! Hottas beteuerte, an diesem Stoff interessiert zu sein, nur müsse eine straffere Fabel gefunden werden. Der heiter-ironische Ton sei passend, aber es fehle ein Vehikel, um das Thema zu befördern. Gut, gut, stimmte L. zu, aber wäre es denn, da der Verlag nun plötzlich doch wieder Interesse zeige, nicht angebracht, endlich einen *Vertrag* zu schließen? Und Hottas sagte zu, sich in diesem Sinne bei der Verlagsleitung zu verwenden. Bis Weihnachten würde es damit wohl nichts mehr, aber Anfang Januar sollte L. wieder von ihm hören. Also ein frohes Fest!

2. Kapitel

Nach dem Westen!

Nun hatte er nicht nur dieses Buch im Kopf; etwas anderes regte ihn ebenso auf: Durfte er endlich einmal in die Bundesrepublik fahren? Seit Jahren mühte er sich, dafür Gründe plausibel zu machen, immer wieder war er gescheitert. Er hatte einen abenteuerlichen Roman angeboten, der zu großen Teilen in München spielte, und geglaubt: Da *müssen* sie mich doch hinfahren lassen! Irrtum. Dem Hessischen Rundfunk lieferte er ein Hörspiel und rechnete das Honorar ordnungsgemäß übers Devisenbüro in Ost-Berlin ab, das ihm 30 % der Einnahme in heiß begehrten Intershopschecks zubilligte. Die hessischen Redakteure luden ihn zu einem Gespräch über weitere Vorhaben, doch der Schriftstellerverband der DDR entschied, wenn jemand etwas von L. wolle, solle er gefälligst nach Leipzig kommen. Wieder Anträge, Ablehnungen, Verzögerungen. Jetzt ein Hoffnungsschimmer! Vielleicht im Januar auf drei oder fünf Tage, vielleicht im Februar – das, erfuhr er im Berliner Verbandsbüro, entscheide sich immer erst in letzter Stunde. Er benachrichtigte Zwerenz, es bestehe blasse Möglichkeit, und der alte Kumpel organisierte, besprach, lud ein – Mensch, sagten sie einander am Telefon, wenn das klappt!

Gerhard Zwerenz: Arbeitersohn aus Sachsen, Volksschule, Lehre als Kupferschmied, Krieg in Italien und Polen, vier Jahre bittere Gefangenschaft in Rußland, danach war er unter die Intellektuellen gefallen und in kurzen Sprüngen zum Assistenten des Leipziger Philosophieprofessors Ernst Bloch aufgestiegen, den er als zweiten Vater empfand, ein Bündel von Energie und Intelligenz. Durch Bloch lernte er das Wunderland Utopia kennen, erfuhr aber nicht, wie man hineingelangen konnte. Nach dem XX. Parteitag der KPdSU legte er sich mit heimischen kleinhirnigen, zwischenzeitlich feig schlotternden Stalinistchen an, schrieb Artikel, debattierte. L. stellte sich an seine Seite. Sie erstritten herrliche ideologische Siege und gingen natürlich unter. Inzwischen war Zwerenz gut verdienender Schriftsteller in der Bundesrepublik, politisch straff links mit einem Bestseller als Rückhalt: „Casanova oder Der kleine Herr in Krieg und Frieden", einem Porno der vergnüglichen Art.

Nach dem Westen! Da wurden Stimmen leise, Augen sehnsuchtsvoll. Durch die Mauer. Auf Vorrat schlafen. Dann kannst du den SPIEGEL lesen und DIE ZEIT und haufenweise Bücher, ins Kino gehen und Krabben schmausen und prima Bier trinken. Jede Nacht reden, Mensch, Mann, fünf Tage, die werden nie zu Ende gehen. Hörspielleute triffst du, und wer weiß, ob Gerhard mit deinem Romanmanuskript etwas angekocht hat. Und wenn du dir bescheinigen ließest, daß du krank geworden seist, dafür wird sich doch ein Arzt finden lassen? Ach, lieber nicht beim ersten Mal, brav zur rechten Stunde zurückkommen, soll ja ein Anfang sein, vielleicht klappt es in einem Jahr wieder. Dann quält dich nicht mehr das demütigende Gefühl, Mensch zweiter Klasse zu sein, daß andere für dich entscheiden, welches Land, welche Stadt du sehen darfst. Dann bist du wenigstens in Frankfurt am Main gewesen, wenn auch längst nicht in New York, London, Venedig; der Vorhang, der Eiserne, hätte sich dann für dich ein Stückchen gehoben.

Warten, Hoffen, Planen. Aus Halle kein Wort. Am 15. Januar 1976 schickte er wieder einen Mahnbrief ab: „Lieber Joachim Hottas, Anfang Januar ist verstrichen, nichts höre und sehe ich von einem Vertrag. Wieder einmal ist einer der von Dir gesetzten Termine verstrichen. Ich fühle mich beklemmend an die gräßlichen Erfahrungen erinnert, die ich in diesem Hause mit ‚Der elfte Mann‘ und ‚Schattenboxen‘ machte. Um weiterem Zeit- und Energieverlust vorzubeugen, bitte ich dich, mich sofort, also an dem Tag, an dem Du den Brief erhältst, über den Stand zu informieren. Sodann bitte ich Dich um sofortige Rückgabe des Manuskripts, ich möchte es ergänzen und dem Verlag eine durchgehende Fassung (315 Seiten) zustellen.“

Keine Antwort.

Da hörte er aus Berlin: Vielleicht ist die Reise am 23. Januar möglich. Nein, wir können nichts Bestimmtes sagen, wir erfahren von dieser Entscheidung erst einen Tag vorher. Kommen Sie doch bitte zu uns, so gegen neun, zehn – und er strebte nach Berlin mit dem ersten Zug und eilte ins Verbandsbüro. Nein, die Kollegin, die die Pässe holt, sei noch nicht wieder da – wenn Sie inzwischen drüben im „Praha“ einen Kaffee trinken wollen? Nach einer Stunde ging er zurück und erfuhr: Ja, Ihr Paß ist da. Und der Genosse Scheibner möchte Sie gern sprechen.

Nimm Platz, begann der Leiter der Auslandsabteilung freundlich; er kenne L. durch dessen Veröffentlichungen „und auch sonst“, habe bei Hans Mayer studiert – das war ein selten offenes Wort, beinahe Vertraulichkeit, denn Mayer war längst im Westen. Viel gebe es nicht zu reden, immerhin dies: Neuerdings werde in der BRD gern die Unteilbarkeit der deutschen Literatur herausgestellt, das sei verkapptes Vereinigungsgerede, L. solle auf der Hut sein und gegebenenfalls widersprechen. Nach der Rückkehr bitte einen kurzen Bericht, damit man Erfahrungen auswerten könne. Gute Reise und gute Rückkehr! Und hinterher möge er den Paß beim Verband hinterlegen, damit er im Panzerschrank aufbewahrt werde der guten und schönen Ordnung halber.

Er ratterte nach Leipzig, der Appetit floh ihn, immer wieder starrte er in seinen Paß. Da war eingestempelt, daß er bis zum 30. Januar 1976 einmal aus- und wieder einreisen dürfe. Eine lange Nacht noch; morgens gleich, zu einer Zeit, da man nicht stundenlang auf Verbindung warten mußte, rief er Zwerenz an: Du, heute Abend bin ich bei dir! Und der Freund antwortete: ich glaub's erst, wenn du hier aussteigst.

Der Zug rumpelte durch Thüringen, Weimar, Gotha, Eisenach. Winterdunkelheit neigte sich. Er allein im Abteil. Dann Helligkeit auf einsamem Bahnsteig, Zöllner und Polizisten ließen sich den Paß zeigen, der Koffer blieb unkontrolliert. Da hielt er es immer noch für möglich, daß einer sagte: Steigen Sie bitte aus, Bürger, es hat sich alles geändert. Grelle Lichter auf den Hügeln, der Schatten eines Wachtturms. Das kräftige Blau einer Tankstelle, gelbliche Straßenlaternen, mehr Licht überhaupt in den Straßen, und allmählich drang in ihn der Gedanke ein und setzte sich fest: Ich träume nicht, spinne nicht, jetzt bin ich wirklich im Westen, in der anderen Welt. Mein Gott!

Ingrid und Gerhard umarmten den Freund aus Urzeiten. Mensch, wie lange ist das alles her, neunzehn Jahre! In der Offenbacher Wohnung hingen Fotos aus kalten und heißen Leipziger Tagen: Wie dünn waren wir damals alle. Der da, der Hecht: Konrad Reinhold, der Kabarettist, nun war er schon tot. Der Gast hatte sich auf Champignons, Lachs und unglaubliche Steaks gefreut, jetzt war sein Magen wie zugeschnürt. Ein bißchen Käse, Bier, ja. Sie redeten und merkten, wie viel aufzuarbeiten war, das Viertel eines Lebens. Er habe einiges vorbereitet, eröffnete Zwerenz, es wäre gut, wenn L. mit ein paar Leuten redete, und den Roman, den habe er in München bei der Autoren-Edition ins Gespräch gebracht, er kenne dort die tüchtige Lektorin Ingrid Grimm, die habe er neugierig gemacht. Fünf lange Tage – wollte er in ihnen schnell mal nach München fliegen? Mensch, und dein Magen? Die Leipziger Wohnung ist noch die alte? Und sie staunten wie altgediente Westkinder, daß es dort noch funktionierende Kachelöfen gab.

Am nächsten Morgen marschierten Zwerenz und L. forsch in den Hessischen Rundfunk ein. Der Fremde trug seinen fünfzehn Jahre alten Fischgrätenmantel, weithin als einer aus der DDR erkennbar. Er schüttelte Hände. Hans-Jürgen Schmitt, Winfried F. Schoeller – wie wäre es denn, erwog Karl Corino, wir würden ein Gespräch führen? Natürlich nur, wenn Sie meinen, daß Sie daheim keine Schwierigkeiten bekommen, ich will Sie um Gottes willen in keine schiefe Lage bringen! Aber ich hätte schon gern ein längeres Interview mit Ihnen gemacht.

Da merkte L., was er später noch etliche Male spüren sollte: Er war unter Leuten, die Rücksichten auf obrigkeitliche Wünsche nicht oder in ganz anderer Weise gewohnt waren. Ihr Denken und Fühlen ging auf ihn über, ließ eingeschliffene Befürchtungen schwinden. Natürlich würde das Interview gesendet werden, aber das war irgendwann, gewiß schnitten es Wachsame in der DDR mit, aber das geschah irgendwo. Jetzt saß er in Frankfurt am Main, vor seinen Augen stießen die Hochhäuser in den Himmel, schwebten in Minutenabständen Flugzeuge ein. Scheibner war weit und hatte nicht verboten, dem Hessischen Rundfunk ein Gespräch zu gewähren, und so antwortete L. wie selbstverständlich, gegen ein Interview habe er nichts einzuwenden.

Dann saßen sie sich in schalldichter Kabine gegenüber, Lämpchen glühten auf, und Corino hub an, nach Leben und Streben zu fragen, nach Krieg und Nachkrieg, SED-Mitgliedschaft und frühem Schreiben, Verhaftung und Knast. Wie war's nach der Entlassung?

Loest: Ich kam zurück und habe gesagt, jetzt bin ich wieder Schriftsteller, und dagegen hatte niemand etwas. Ich bekam meine Verträge, die Verlagsleute waren einsichtig. Ich weiß noch, ich war in Berlin, und einer meiner Freunde sagte mir: „Wir müssen jetzt zu Dr. Günther gehen. Das ist der Mann im Ministerium, der für dich zuständig ist, wir müssen sagen, du bist wieder da." Dieser Dr. Günther ließ ausrichten, er hätte mit mir nichts zu besprechen, ich sei ein Schriftsteller wie jeder andere und könne schreiben. Wenn allerdings jemand dagegen etwas tue oder sage, dann möge ich doch bitte zu ihm kommen, dann wolle er das in Ordnung bringen. Dies war eine sehr schöne, vernünftige Einstellung.

Corino: Allein die Tatsache, daß Sie nun zum erstenmal seit 1956 in die Bundesrepublik reisen konnten, zeigt wohl, daß man gegenwärtig in der DDR eine etwas andere Kulturpolitik treibt als früher. Gerhard Zwerenz hat einmal etwas provokatorisch formuliert, daß Sie Ihrem Lied auf die Kehle hätten treten müssen. Glauben Sie, daß das in absehbarer Zeit auch noch so sein muß?

Loest: Da die Großwetterlage immer freundlicher wird zwischen Ost und West und den beiden deutschen Staaten, ist ganz klar, daß die Kulturpolitik ebenfalls normaler wird. Wenn Verkrampfungen allgemein gelöst werden, kann man sie auch auf kulturellem Gebiet abbauen. Was mich anbetrifft – ich glaube, ich komme jetzt langsam dazu, meine eigenen Probleme in der Form von Geschichten zu sehen. Dazu gehört nämlich das Sehen der anderen Seite, daß das eigene Beleidigtsein, das Sich-gekränkt-Fühlen schwindet. Sonst geraten solche Geschichten nicht für den Leser. Ich habe eine Erzählung geschrieben, „Zwei Briefe von Rohdewald", die durchaus in diese Richtung geht. Ich fühle mich ganz frei in diesem Stoff. Ich habe einen Roman begonnen, der heißt „Es geht seinen Gang oder Mühen in unserer Ebene", auf den das nicht minder zutrifft. Man hat uns jahrelang erzählt (und wir haben das auch geglaubt), wichtig für einen Autor sei der „innere Zensor", so ein Männchen im eigenen Gehirn, das immer auf die Taste drückt, wenn etwas kommt, von dem man meint, jetzt werde der Feind aber aufpassen, jetzt werde er aber zuhören, jetzt werde er sich aber in unsere Dinge einmischen. Dieser geforderte und auch in mir selbst installierte innere Zensor ist tot. Das kleine Männchen kenne ich nicht mehr. Ich schreibe, was ich sehe, was um mich herum vorgeht, über die Probleme, die mich bewegen, und glaube, daß ich mit diesem Roman und ein paar Geschichten auf gutem Wege bin.

Corino schaltete ab. Das, sagte L., sei sein erstes Radiointerview überhaupt gewesen, in der DDR gehöre er nicht zu den Autoren, die in den Genuß solcher Publizität kämen. Corino fragte, ob L. irgend etwas so nicht verbreitet wissen wolle, noch könne man ändern, ergänzen. Soll alles so bleiben, entschied L. Am nächsten Tag las er in diesem Studio seine Geschichte „Zwei Briefe von Rohdewald", auch das bedeutete Premiere für ihn: Noch niemals hatte er eine Arbeit in einem Sender vorstellen dürfen. Danach ließ er sich ein Stückchen vorspielen: So klang also seine Stimme, dumpf mit sächsischem Unterton. Und dabei hatte er sich doch soviel Mühe gegeben.

Wenn ich nun schon mal hier bin, sagte er zu Zwerenz, möchte ich wenigstens ein Bundesligaspiel sehen – was ist los im Waldstadion? Die „Eintracht" siegte mit 2:0 gegen „Werder Bremen", es war eine mäßige Vorstellung. Am Abend waren sie zu Schütte geladen, dem Kulturredakteur der „Frankfurter Rundschau", am nächsten Tag speisten sie mit Reich-Ranicki, dem Konkurrenten von der „FAZ". Der Gast genoß die ersten Scampi seines Lebens und trank Frascati, und immer war ihm, als schwebe er über Wolken. Vor zehn Jahren hatte er eine Erzählung geschrieben, „Etappe Rom", die in Frascati spielte; die Gerichte, die seine Figuren verzehrten, hatte er aus dem Kochbuch zusammengesucht. Um ihn war Frankfurt, er war er, kein anderer hob das Glas, er saß nicht im Kino.

Tags darauf riß er die Augen auf, als er sich von den Laufbändern des Rhein-Main-Flughafens zur Maschine tragen ließ. Die stieg auf in einen blauen Winterhimmel, unter sich sah er jede Windung des Mains, über Nürnberg knickte die Route nach Süden ab, da die Donau, das Tanklager von Ingolstadt, und über Oberbayern lag eine Wolkendecke, aus der hier und da ein Dampfturm stieg. Das Flugzeug kreiste und kreiste; er war hin- und hergerissen zwischen dem phantastischen Panorama und der Sorge, bei der Autoren-Edition würde allmählich das Büro schließen. Endlich ging die Maschine in Nürnberg herunter, Busse karrten die Passagiere über die Autobahn nach München, und als er keuchend vor Ingrid Grimm trat, war sie im Begriff, den Schreibtisch zu verlassen. Wir haben den ganzen Tag auf Sie gewartet! rief sie und labte den Erschöpften mit eilig herbeigeschafften Brötchen. Schon telefonierte sie in die Runde, keine Zeit war zu verlieren. So trafen sie sich in der Wohnung des Editionsmitglieds Uwe Timm, L. fand sie riesengroß und erlesen eingerichtet, durch die Fenster blickte er auf die Bäume des Englischen Gartens und sagte sein Sprüchlein auf, Freund Zwerenz schicke ihn, er habe ein Manuskript dabei, mit dem es in der DDR nichts als Schwierigkeiten gebe, und das wolle er vorzeigen. Seltsam zurückhaltend zeigte sich Timm. Ohne Genehmigung eines DDR-Verlags? Ja, er habe es nun allmählich satt, das Risiko sei ihm bekannt, aber er sei ja allerhand gewöhnt, habe im Knast ... Timm wurde nicht freundlicher. Gut, das Manuskript solle noch in dieser Nacht vervielfältigt werden, dann werde man es von einigen Autoren der Edition beurteilen lassen.

Der enttäuschte Gast machte sich ins Hotel davon. Am nächsten Tag fuhr er mit der Bahn zurück, den Nebeln mißtrauend, und als er Zwerenz Bericht erstattete, wurde der blaß: Uwe Timm sei jetzt dort? Das habe er nicht gewußt, sonst hätte er alles ganz anders... L.

fragte: Was ist denn mit Timm? Und Zwerenz rückte heraus: Timm sei Mitglied der DKP. Da wunderte sich der Neuling nicht mehr über Timms Zurückhaltung, und beide überlegten, ob und wie Genosse Timm nun zur DDR hinübersignalisieren würde: Paßt auf, Loest geht mit einem Manuskript fremd! Er habe gedacht, barmte Zwerenz, die DDR-Behörden würden weniger böse sein, wenn L.s Roman in der linksgenossenschaftlichen Edition erscheine und nicht bei einem großbürgerlichen Verlag. L. wendete ein, die DDR hege viel größeres Mißtrauen gegenüber einem Selbstverwaltungsversuch als gegen einen etablierten kapitalistischen Stall, und Zwerenz raufte sich das Haar. Wer außer Timm das Manuskript denn noch lesen solle? L. entsann sich eines Namens: Uwe Friesel. Ach Gott, stöhnte Zwerenz, der ist ja auch in der DKP! Das Kind lag im Brunnen, Zwerenz verfluchte sich, und L. tröstete ihn: Hätten sie nicht schon gemeinsam in dickerem Schlamassel gesteckt?

Im Laufe der Jahre sind sich der Chronist, Uwe Timm und Uwe Friesel bei mancher Gelegenheit begegnet. Mit Timm saß L. jahrelang in Darmstadt in einer Jury des Literaturfonds, verteilte mit ihm Gelder an bedürftige Kollegen oder verweigerte sie. Friesel wurde sein Kollege im Schriftstellerverband, ihm folgte er als Vorsitzender. Etliche Male hechelten die drei ohne Groll die alte Geschichte durch. Timm fand seine Wohnung von damals durchaus nicht riesengroß und murmelte etwas von IKEA. Friesel widersprach: Er sei nicht Mitglied der DKP, sondern der KP Italiens gewesen; zwischen beiden klafften erhebliche Unterschiede. Was auch ergänzt und in freundschaftlichem Bemühen geklärt wurde, an einem kamen die Uwes nicht vorbei: Zusammen mit Gerd

Fuchs lehnten sie das Manuskript von „Es geht seinen Gang" nach einer Weile ab.

Dann noch Gespräche mit Hörspielredakteuren, Regisseuren, manch einer wollte helfen, andere waren vor allem neugierig. Schließlich brachten Ingrid und Gerhard den erschöpften Freund wieder zum Zug. Fünf Tage waren lang gewesen wie ein Monat. Wirbel im Hirn, Wirbel im Herzen – also mach's gut, und wann sehen wir uns wieder? Der Zug flog auf die Grenze zu, noch las der Privilegierte FAZ und STERN, das durfte er in der nächsten Stunde schon nicht mehr. Urlaub von der Hemisphäre war vorbei, gleich galten wieder die alten Gesetze. Die Zöllnerin ließ sich den Kofferinhalt vorführen – keine Druckschriften dabei?

Wieder Leipzig, und alles war wie gehabt. Natürlich erzählte er Abende lang. Die Ausfallstraßen, ich hab' immer gedacht, ich bin auf einer Autobahn. Die Sauberkeit. Die Freundlichkeit. Hektisch sind wir, nicht die. Und in dem Bett bei Zwerenz hat eine Woche vor mir Rudi Dutschke geschlafen.

3. Kapitel

Schlagabtausch

Der Winter war diesig und fast ohne Schnee. Der Schriftsteller L. roch den Braunkohledunst über der Stadt, trug Briketts aus dem Keller nach oben und Asche hinab. In der Post: Einladungen zu Lesungen hier und da, keine Zeile vom Mitteldeutschen Verlag. Da meinte er, genug eingesteckt zu haben, was würde er sich noch alles bieten lassen müssen, wer war denn dieser Hottas, der ihn immer wieder zum Bittsteller degradierte! Die frische Luft, die er jenseits der Grenze geatmet hatte, die eigenständigen Überlegungen und Entscheidungen bundesdeutscher Kollegen und Redakteure hatten Krusten in ihm zerbrochen. Freiheit macht frech. Das Farbband seiner Schreibmaschine war vor allem mit Galle getränkt, als er an den Leiter des Mitteldeutschen Verlags schrieb:

„Lieber Kollege Dr. Günther, der Stand meiner Verhandlungen über den Roman ‚Es geht seinen Gang oder Mühen in unserer Ebene' ist leider so, daß ich Dich informieren muß. Im Juli letzten Jahres schickte ich 80 Seiten, im August noch einmal 80 Seiten, seitdem schiebt Lektor Hottas den Vertragsabschluß mit wechselnden Argumenten vor sich her. Immer neue Gründe, immer neue Termine – wie ich das kenne von ‚Der elfte Mann' und ‚Schattenboxen' her! Am 15. Januar 1976 bat ich um Rückgabe des Manuskripts, um es zu vervollständigen und dann den ganzen Roman einzureichen, auch das vergeblich. Ich bat um postwendende Antwort, sie kam nicht. Das brachte mich in eine unangenehme Lage. Denn letzte Woche war ich in München und informierte die Autoren-Edition von Bertelsmann, dort gibt es großes Interesse für den Roman. In zwei Wochen wollen dort vier Mann das Manuskript lesen und dann mit mir in Verhandlungen eintreten. Was soll ich dann sagen, in welchen Beziehungen ich zum MDV stehe? Nach meinen schrecklichen Erfahrungen mit dem MDV in den letzten Jahren bin ich es müde, diesem Schlendrian weiter zuzuschauen. Ich will wissen, woran ich bin. Wenn Hottas zu Entscheidungen nicht fähig ist, brauche ich einen anderen Lektor. Wenn der Verlag nicht will, soll er es sagen, er ist nicht der einzige Verlag auf der Welt. Die ‚Frankfurter Allgemeine' erwägt einen Vorabdruck – mache ich das alles auf eigene Faust oder mit dem Verlag zusammen?"

Das war höchst provokativ, gegen jede Regel im Umgang zwischen DDR-Partnern, er drohte sogar mit dem Klassenfeind. Geflunkert hatte er überdies: Die FAZ wollte sich erst äußern, wenn das Manuskript in München auf Zustimmung gestoßen war. Wenn der Chronist im Sommer 2002 auf seinem behaglichen Leipziger Altenteil liest, was die Person seiner Erzählung in diesen kalten Zeiten trieb, fröstelt ihn trotz des Abstands der Jahre.

Günther antwortete sofort, ins förmliche Sie fallend: „Lieber Erich Loest! Mit großem Erstaunen habe ich Ihren Brief vom 31.1.76 zur Kenntnis genommen, widerspricht er doch so völlig der Art und Weise, in der wir bisher miteinander verhandelten. Ihre Beschwerden über unseren Kollegen Hottas mögen einer Grundlage nicht entbehren; ich bin bereit, mit Ihnen darüber zu sprechen.

Dennoch halte ich den ultimativen Ton Ihres Schreibens für ganz und gar unangemessen und einer sachlichen Klärung der Dinge abträglich, auch angesichts dessen, daß Sie sich zum ersten Male mit einer solch massiven Klage an mich wenden. Zur Sache selbst: Vor einigen Tagen habe ich das Teil-Manuskript Ihres Romans erbeten. Zur Zeit lese ich es. Ich kann Ihnen nicht verhehlen, daß ich bereits nach der Hälfte gegenüber der jetzt vorliegenden Fassung starke ideologische wie auch ästhetische Einwände vorzubringen habe. Wir werden uns also darüber unterhalten müssen. Vom 5. bis 15.2.76 bin ich im Urlaub. Danach können wir sehr schnell zusammenkommen. Sie verlangen in ultimativer Form einen anderen Lektor und drohen dem Verlag damit, er sei ‚nicht der einzige Verlag auf der Welt'. Ich muß gestehen, daß mich dieser Ton außerordentlich überrascht. Als wir 1975 einen nicht ganz gering dotierten Förderungsvertrag für den Roman mit Ihnen abschlossen, waren solche Töne nicht zu hören. Ich denke doch, daß wir zunächst versuchen sollten, sachlich über die aufgetretenen Fragen miteinander zu sprechen. Der Verlag hat durch den abgeschlossenen Vorvertrag ein Erstrecht auf das entstehende Werk erworben, und er möchte zuerst alle Chancen wahren, dieses Recht auch zu realisieren. Ein weiteres: Ich bin, gelinde gesagt, außerordentlich unangenehm berührt durch die Nachricht, daß Sie von unserem Projekt, das vorvertraglich an unseren Verlag gebunden ist, ohne Vorabsprache die Autoren-Edition Bertelsmann und die FAZ informiert haben. Wie Ihrem Brief zu entnehmen ist, haben Sie offenbar auch ein Manuskript zur Verfügung gestellt. Ich betrachte das gegenüber unserem Verlag zumindest als groben Vertrauensbruch. Wenn Sie auf eine weitere Zusammenarbeit mit uns an dem begonnenen Projekt Wert legen, muß ich Sie bitten, alle in obengenannter Richtung unternommenen Aktivitäten sofort zu stoppen bzw. rückgängig zu machen. Was mich besonders befremdet, ist die Art und Weise, in der Sie von Bertelsmann und der FAZ schreiben, als seien dies zwei Einrichtungen in der DDR und nicht in der BRD. Ich bin mir – offen gestanden – noch nicht im klaren darüber, ob ich dies als Naivität oder als eine Herausforderung betrachten soll. Sie schreiben in Ihrem Brief: ‚Ich will wissen, woran ich bin.‘ Angesichts Ihrer Verhandlungen mit Einrichtungen der BRD möchten wir dies auch gern wissen."

Am 5. März 1976 kam es zum Gespräch – vorher aber feierte L. seinen 50. Geburtstag. Des Vormittags schellten die, wie man sagt, offiziellen Vertreter, darunter immerhin eine Dame und ein Herr vom Rat des Bezirks, wenn auch niemand von der SED, so hoch stand der Schriftsteller Loest in der öffentlichen Gunst nun doch nicht. Hottas (IM „Willi") überbrachte fröhlich die Glückwünsche seines Verlags; von den schwebenden Problemen war natürlich nicht die Rede. Der Schriftstellerverband hatte Joachim Nowotny (IM „Dozent") entsandt, ein Vorstandsmitglied, mit ihm war L. immer gut ausgekommen. Gert Noglik (IM „Schubert"), bisher Betreuer so manchen Buchvorhabens, war dabei; still und verschwiegen hatte er es gerade hinter Verlagstüren abgelehnt, zu „Es geht seinen Gang" ein Gutachten zu verfassen. Immerzu kamen Telegramme, Anrufe – alles war so, wie es sich gehört, und er bedachte zwischendurch, wie es ihm denn bekäme, wenn an diesem Tag gar keiner von ihm Notiz nähme, wenn er noch oder wieder das wäre, was er so manches Jahr gewesen, eine Unperson. Sein Vater schenkte ihm das Wertvollste, das er besaß, seine Briefmarkensammlung. Um die Tische versammelten sich Kinder und Freunde, sie schmausten, tranken Weine vom Balkan und Bier aus heimischer Brauerei, und einer, der den gleichen Tag bald vor sich hatte, fragte: Du, Erich, wie ist das, wenn man fünfzig wird? Und er antwortete: Ich bin wieder gesund und beruflich im Aufwind. Zwar gibt es gerade Ärger mit dem Mitteldeutschen Verlag, aber demnächst werde ich lustige Geschichten im Kabarett vortragen, stelle dir das vor, ich auf der Bühne der „Pfeffermühle" in einem Sonderprogramm, auf meine alten Tage im Showgeschäft! Von „Schattenboxen" erscheint eine Nachauflage, im Hessischen Rundfunk wird ein Hörspiel wiederholt, meine alten Krimis bringen immer noch Geld, auch durch Übersetzungen, und, das sag ich dir, mit „Es geht seinen Gang" hab ich den richtigen Stoff gepackt, ich setze mich durch, und wenn die Fetzen fliegen. Prost! Es ist ein guter Tag in einer für mich guten Zeit. Auf mein Spezielles!

Wer über die Geschichte der DDR-Literatur schreibt, beklagt Mangel an Sekundärmaterial. Im Zeitalter des Telefons sind Briefwechsel zwischen Schriftstellern nahezu ausgestorben. Daß Anna Seghers mit Lukacs federstritt, lag Jahrzehnte zurück. Zu den raren Dokumenten über Literaturdebatten gehört der Brief von Franz Fühmann an den Minister für Kultur von 1964, abgedruckt in einem Hinstorff-Band. Unbekannt und nicht vorstellbar war der Bienenfleiß der Staatssicherheit mit ihrem Stachelgift, der spätere Forschungen ebenso begünstigte wie Vorsicht gebot. Um irgendwann Fakten und Tendenzen beweisen zu können, begann in diesen Tagen unser Mann, der sonst eher liederlich mit Manuskripten und Briefen umging und auch ihre Rückseiten aus Gründen der Ökologie und des Geizes nutzte, jeden Schnipsel aufzuheben, der zu seinem Roman in Beziehung stand. Er meinte, für einen Wissenschaftler auf dem Pfad durch den DDR-Bücherwald sollte später einmal nicht nur Gedrucktes von Interesse sein, sondern auch Abfall, er sollte die Namen von Förderern der Literatur kennen wie die von Verhinderern. Über Besprechungen legte er sofort danach eine Notiz an, wie ja auch seine Gegenspieler von der „Firma", Tinneberg und Claus, wenn sie mit ihrem überaus auskunftsfreudigen IM „Schubert" konferiert hatten. Wäre es anders gewesen, tappte der Chronist des Jahres 2002 im Halbdunkel eines nicht übermäßig verläßlichen Gedächtnisses.

Am 5. März 1976 fand in Halle eine Unterredung statt, an der Dr. Günther, Cheflektorin Duty, Hottas und L. teilnahmen. Zunächst gab Günther den bitteren Beschwerden des Autors recht, daß über ein halbes Jahr vergehen mußte, ehe sich der Verlag zu 163 Manuskriptseiten Stellung zu nehmen in der Lage fühlte, und Hottas nahm knirschend alle Schuld auf seine Kappe. Dann legte Günther in einem halbstündigen Exkurs seine Einwände dar, und das waren diese:

Da geschieht, daß zu Beginn des Romans dessen Held in das hineingerät, was der Autor „Die Schlacht auf dem Leuschnerplatz" nennt. Der sechzehnjährige Wülff, von einem Polizeihund gebissen, sieht sich unversehens zum Feind des Staates gestempelt, sein Verhältnis zur Macht wird so vehement belastet, daß er sich stärker davor fürchtet, Macht ausüben zu müssen als zu erleiden. Das treibt ihn ab in Passivität und Scheu vor Verantwortung, und am Ende steht da ein Mitläufer, dessen Horizont von Schrankwand und Couch bestimmt wird und der sich nur dadurch vom Durchschnittler dieser Jahrgänge unterscheidet, daß er nicht nach einem Trabbi giert und die Ehescheidung nicht vor, sondern schon hinter sich hat. Günther gab zu, daß es solche Leute gebe, schränkte aber sofort ein, sie entsprächen keineswegs dem Geist der Epoche. Helga Duty, solcher Lektüre ungewohnt, merkte an, *entgegen* L.s Absicht komme beim Leser heraus, die Staatsorgane hätten damals einen *Fehler* gemacht, und Wülff nehme seinen negativen Weg durch die Schuld eben dieser Behörden. Die Cheflektorin verstummte verdrossen, als L. versicherte, dies alles erfahre der Leser nicht *entgegen*, sondern *mit* seiner Absicht.

Darauf umriß Günther seinen zweiten Punkt. Wülffs Chef bricht unter Arbeitsüberlastung zusammen, was Wülff in seiner Abneigung, aufzusteigen und Verantwortung zu übernehmen, noch bestärkt. Was komme für den Leser dabei heraus? In unserer Wirtschaft würden die Leiter durch den Streß kaputtgemacht. Immerhin, räumte Günther ein, in seinem Bekanntenkreis höre er von diesem und jenem Infarkt, und es sei gewiß nicht in der Ordnung, daß er selber demnächst mit seinen 45 Jahren sich einer Herz-Kreislauf-Kur unterziehen müsse. Aber wie könnte solch eine Romanstrecke von Mißgünstigen interpretiert werden! Drittens: Da schreibe L., wie Vorschulkinder beim Schwimmenlernen durch Trainer und Eltern ins Wasser gestoßen würden, Wülff ziehe sich das Herz zusammen, rüde gehe er auf ein starkes behaartes Elternteil los – werde da nicht unserer Leistungsgesellschaft ein antihumaner Zug angedichtet? Mehrfach betonte der Verleger, er überspitze, um gefährliche Tendenzen sichtbar zu machen. So gewinne manches, bewußt oder unbewußt dargestellt, symbolhaften Charakter gegen unseren Staat. Auf eine Fülle satirischer Details wolle er gar nicht erst eingehen. Zusammenfassend erklärte er, es sei zu bezweifeln, ob ein Buch, das dem Geist der Epoche entsprechen sollte, aus der Ich-Erzähler-Sicht eines Durchschnittlichen wie Wülff, aus dessen Froschperspektive erzählt werden könnte, und er rate, es von einem erhöhten Standpunkt aus in der dritten Person noch einmal zu versuchen.

Dann lastete erst einmal Stille. Helga Duty, gewohnt, einer nicht gänzlich erfreulichen literarischen Figur deren positiven Widerpart beigesellt zu finden, fügte hinzu, ursprünglich habe sie vermutet, Wüllfs Frau Jutta erfülle diese Rolle, aber leider habe der Autor sie auch in diesem Punkt enttäuscht. Endlich erklärte Hottas in einem Hauptsatz, er stimme vollinhaltlich mit der Meinung seines Chefs überein.

Wie weiter? L. berichtete, wie's fortgehe im Roman. Er erhärtete sein Anliegen, einen Menschen zu zeigen, der durch einen *Fehler* von Staatsorganen, *Überspitzung* heiße so etwas zartfühlender, aus erfreulicher Bahn geworfen werde, und blieb bei seiner Ansicht, daß, wie in der Mechanik Druck gleichstarken Gegendruck erzeuge, auch in der Gesellschaft jede Machtausübung eine Abwehr zur Folge habe. Wülff berufe sich immerzu auf diesen Hundebiß, klagte Frau Duty, alle Schuld für sein Versagen suche er bei der Gesellschaft – warum ziehe er sich nicht gefälligst selbst am Schopf aus dem Sumpf? Sooo sei es ja keinesfalls, daß die Allgemeinheit für jedes Versagen jedes einzelnen haftbar wäre!

Nun warf Günther ein, vor allem störten ihn Pauscha-
lisierungen, *die* Staatsmacht geriete mit *den* Jugendlichen
ins Gemenge – sooo sei es niemals gewesen! Frau Duty
holte aus ihrem Argumentenvorrat ein angegilbtes
Prachtstück: *Jeder* könne in unserem Staat seine berufli-
che Entwicklung selbst bestimmen! Da fragte L. böse, ob
sie wohl keine Ahnung habe, daß... Keiner, der jetzt hereingeschneit wäre, hätte ermessen können, ob von einer
Soziologiedissertation oder der Vorbereitung eines Refe-
rats vor Berufsberatern oder eben einem *Roman* die
Rede war. Von der Warnfunktion der Literatur tönte der
Autor und seinem Bemühen, eine weitere Dimension
durch Stoßseufzer einzubringen, die Wülff zum Genossen Bezirkssekretär hinaufschickte – als ungenügend
erklärte das Dr. Günther. Nein, einen Verlagsvertrag
könne er aufgrund dieses Manuskript nicht schließen,
vieles müsse geändert werden, und natürlich wolle er
erst das Ganze sehen. Aber wenn das Ganze daherkom-
me wie die Hälfte, sehe er schwarz. Diesem Kraftwort
schloß sich Hottas vollinhaltlich an.

Daheim nahm sich L. Fühmanns Rede über „Literatur
und Kritik" vor, die anderthalb Jahre vorher gehalten
worden war, hochgerühmt seitdem. Lektoren, versuchte
sich L. zu besänftigen, sind die ersten Kritiker eines
Manuskripts und haben darauf im Unterschied zum Zei-
tungsrezensenten verändernden Einfluß; was in Halle
vorgebracht worden war, stammte von Kritikern. Daß
Literatur nicht völlig in Ideologie aufgehe, entwickelte
Fühmann, und „daß bestimmte Forderungen an die Literatur aus einer für uns höchst ehrenvollen, aber irreal
hohen Einschätzung des geschriebenen Wortes
herrühren, die manchmal fast so aussieht, als könnten

die Härten und Lasten und – ich scheue das Wort nicht – die tragischen Züge unseres Heute und Hier dadurch aufgehoben werden, daß die Literatur sie verschweigt oder wegbeschwört, während sie doch bewältigt werden müssen. "

Er erinnerte sich: Keiner seiner Hallenser Kritiker hatte behauptet: Es *ist nicht so,* wie du schreibst, *derlei* hat es *nie* gegeben! *Kein* Hund biß je auf dem Leuschnerplatz! Aber: *So* verläuft keineswegs das Wesen unserer Epoche! Leute wie Wülff mag es geben, doch waren sie bezeichnend, kennzeichnend für dreißig Jahre DDR? Stärker müsse herausgearbeitet werden, daß dieser Kerl negativ sei, und neben ihm lebten die vielen Tüchtigen, Bewußten, Strebenden!

Fühmann schrieb: „Der Ruf nach Schablone verbirgt sich gern hinter Theorien von der richtig zu wahrenden Proportion. Etwa so: Daß ein Roman- oder Filmheld bei Aufstieg in höhere Positionen an Solidaritätsgefühl verliert – natürlich dürfe man das gestalten, doch nur mit der Doppelzahl Gegenbeispiele, wo solches Verarmen nicht der Fall sei, so daß am Schluß der Sachverhalt, um dessentwillen der Autor zur Feder gegriffen hat, nicht mehr als eine Episode bildet, über die sich keiner mehr erregt." Und L. setzte den Gedankengang im Sinne des Kritikers fort: Warum sollte man dann diese Episode, nebensächlich wie sie ist, nicht ganz streichen?

Zur Messe traf er Günther wieder. Frau Dr. Holan, im Bezirksrat Leipzig mit Kultur befaßt, hatte mit derlei Abläufen von Amts wegen nichts zu tun, aber sie war neugierig und wollte sich vielleicht auch ein wenig wichtig machen und fühlen. So äußerte sie gegenüber dem

MDV den Wunsch, Direktes zu erfahren; der stimmte leicht irritiert zu. Also quetschten sie sich, es war der 18. März 1976, in die Pappkoje des Mitteldeutschen Verlags im Messehaus am Markt, stöhnten über die miserable Luft und begannen ihren Streit von neuem. Als L. nicht hinter dem Berg hielt, er werde nicht grundlegend umarbeiten, sondern nur hier und da kosmetisch verbessern, erwiderte Günther, immer sei es das Bestreben des Verlags gewesen, zu einer Einigung zu kommen, und L. bezeichnete es als gar nicht außerhalb seiner Vorstellungskraft, am Ende gäbe es Günthers Meinung und seine Meinung und keine Überbrückungsmöglichkeit; dann zöge er weiter zu einem anderen Verlag. Günther erwiderte voller Zorn, er finde es unfair, die Ratschläge eines Verlags einzuholen, die Verhandlungen abzubrechen und beim nächsten Verlag eine Fassung anzubieten, in der genau die Ratschläge des ersten Verlags befolgt wären, und unterstellte, dies hätte L. bei „Schattenboxen" getan. Helga Duty unterstützte diese Auffassung, schließlich war sie deren Urheberin. L. widersprach heftig, schilderte den Vorgang aus seiner Sicht, brachte Gegenbeweise vor – Beschuldigungen, Gezänk. Am Ende versicherte Günther, er werde es nicht ein drittes Mal darauf ankommen lassen, daß L. mit einem Manuskript, das von seinem Verlag gefördert worden war, ein anderes Haus beglücke, und würde deshalb, falls sie mit „Es geht seinen Gang" zu keiner Übereinstimmung kommen sollten, auch an einer begonnenen Polenreportage kein Interesse mehr zeigen. L. trotzte: Junktim. Günther konterte: Kein Junktim. Am Ende gefielen sie sich im Schlagwortabtausch. Dr. Günther: Es liegt eine große Verantwortung darin, ein Buch herauszubringen. Der Autor: Es liegt eine noch größere Verantwortung darin, ein Buch *nicht* herauszubringen.

Während dieser Frühjahrsmesse 1976 konnte L. nicht auf Beistand westlicher Presse hoffen; es war kälter geworden zwischen den beiden deutschen Staaten. Die Korrespondenten der Deutschen Welle wie auch des Deutschlandfunks durften nicht berichten; daraufhin brach Bundeswirtschaftsminister Friderichs seinen Besuch demonstrativ ab.

Wie weiter? Der Mitteldeutsche Verlag würde den Roman ablehnen, das stand fest, vorher aber würde er das ganze Manuskript sehen wollen und Gutachten anfordern. Das kostete Zeit und wieder Nervenkraft. Bis dahin kam er nicht aus dem Vorvertrag heraus, es gab keinen anderen Weg. In sein Tagebuch schrieb er für den April 1976: „Karl-May-Novelle, zweite Fassung ist abgeschrieben. Zurück zum Roman, 5. Fassung entsteht. Bertelsmann lehnt kommentarlos ab. Dr. Gugisch und Frau Vetter vom DDR-Hörspiel besuchen mich. Hörspielfassung ‚Zwei Briefe von Rohdewald‘ wird natürlich nicht angenommen, beide erklären ihre Grenzen.“

Grenzen überall – er meinte, man könnte auch sagen: Tabus. Er schrieb wieder am Roman und an der Karl-May-Novelle. Zu Ostern sendete der Hessische Rundfunk seine Erzählung „Zwei Briefe von Rohdewald“, der Empfang war schlecht, immerzu schlug Radio Moskau durch. Hin und wieder begegnete er jemandem, dem er noch nicht von seinem Hieb gegen Günther vorgeprahlt hatte: Es liegt eine noch größere Verantwortung darin, ein Buch *nicht* herauszubringen! Er probierte Kontext: Er habe diesen Satz Günther *entgegengeschleudert!* Sofort wirkte die Szene lächerlich: Die Pappkoje im Messehaus. Und vor wem mußte Günther Rechenschaft ablegen? Nicht vor einer politischen, nicht einmal vor einer lesenden Öffentlichkeit; die Talk-Show war noch nicht erfunden. Ein Buch war ein Buch, ein Manuskript ein Nichts.

Es war ein heißer, zermürbende Sommer. Als Austauschgast des Schriftstellerverbandes fuhr er nach Warschau und Krakau und wurde auf Touristenrouten entlanggeschleust; Sonderwünsche blieben unberücksichtigt. In die Beskiden wollte er, wo nach dem Zweiten Weltkrieg der Kampf weitergegangen war: Weiß gegen Rot, Ukrainer gegen Polen, der Stoff von „Asche und Diamant". Einer seiner Romane spielte dort: „Der Abhang". Diese Zusammenhänge interessierten ihn weit mehr als das „Meeresauge", ein Kratersee bei Zakopane, zu dem sich Besuchermassen wälzten. Schade, man habe kein Auto, das so weit führe. Sein Dolmetscher erklärte ihm, es sei ein Jammer, daß es Hitler nicht gelungen war, alle Juden zu vergasen, leider seien immer noch ein paar übrig. L. ließ den Mann ablösen. Im Hotel sah er Reportagen von der Fußball-Europameisterschaft. „Dietera Millera!" schrie der polnische Kommentator, denn Dieter Müller schoß allerhand Tore für Deutschland, also für die Bundesrepublik, am Ende jedoch eins zuwenig.

Unzufrieden und nervös kam er zurück. Annelies mußte zu schwerer Operation ins Krankenhaus, die Tochter schmiß ihre Arbeit als Chemikerin hin, wurde Kuchenverkäuferin, wollte Straßenbahnfahrerin werden. Annelies wurde entlassen, mußte zurück. Die Tochter wollte als Erzieherin arbeiten, wurde abgelehnt. Wurde auf Probe doch genommen. Annelies entkam für wenige Tage nach Hause, mußte mit hohem Fieber wieder ins

Spital. Da war ein Romanmanuskript nicht das wichtigste. Die Leute erzählten, auf dem Marktplatz von Zeitz habe sich ein Pfarrer mit Benzin überschüttet und verbrannt, Oskar Brüsewitz.

Immerhin einen Verbündeten im Mitteldeutschen Verlag besaß er, Manfred Jendryschik, Lektor, parteilos, selbst Autor von Geschichten mit dem Ehrgeiz zu stilistischer Perfektion. Ihn traf er manchmal auf Briefmarkenauktionen. Jendryschik erzählte ihm vertraulich spottend, Hottas verfasse eben einen zehnseitigen Ablehnungsbescheid, dazu habe die Verlagsleitung ein Außengutachten angefordert, beide wolle man im Herbst vorlegen. Gut so. Ohne Ablehnung waren weitere Schritte nicht möglich.

In diesem Sommer fuhr er oft mit dem Rad aus der Stadt hinaus, überquerte auf hoher Brücke die Autobahn, von hier aus gewann er weiten Blick übers hitzetrockene Land. Er stellte sich vor, Wolfgang Wülff stünde hier, dächte über sich und diese Stadt und seine Scheidung nach. Ich verstehe dich ja, überlegte sein Schöpfer, du hast deine Schwierigkeiten und mußt mit ihnen halbwegs anständig zu Rande kommen, aber begreifst du bitteschön gefälligst auch, was ich für endlosen beschissenen Ärger habe mit dir? Er schwamm im trüben, lauen Wasser einer Kiesgrube. Manchmal klaute er Maiskölbchen, die er in Butter dünstete. Beim Schriftstellerverband beantragte er eine zweite Reise zum Hessischen Rundfunk. Verbandsfunktionär Scheibner zeigte sich längst nicht so freundlich wie beim ersten Mal. L. habe dem berüchtigten Corino ein Interview gegeben, habe im Funk eine Geschichte gelesen, beides sei nicht genehmigt gewesen. Nein, der Verband könne eine neuerliche Reise nicht befürworten.

Manchmal, selten, schnüffelte er in seinem Manuskript. Er las sich fest, fand hier und da etwas zu verbessern, viel war es nicht. Er dachte: Schade um die schöne Arbeit, schade um dich, Freund Wolfgang Wolfi Wülff. Es war um so vieles schade.

Hinter seinem Rücken baute sich unterdessen eine Front auf, von der er erst nach 1990 erfuhr. Seit der Haftentlassung im September 1964 war er vom MfS überwacht worden. Dem Geheimdienst war es im August 1964 unter Druck gelungen, einen befreundeten Lektor aus Berlin, der verschwiegen hatte, als Siebzehnjähriger in die Waffen-SS gepreßt worden zu sein, als Inoffiziellen Mitarbeiter zu verpflichten. IM „Adler" lenkte im Auftrag des MfS die ersten Schritte hin zu Redaktionen und Verlagen. Im Sommer darauf stellte er L. und seiner Familie sein Sommergrundstück am Rande von Berlin zur Verfügung und gewann dadurch genauen Überblick, mit wem L. verkehrte. Als „Adlers" Treiben Anfang der neunziger Jahre bekannt wurde, gab er sich reuig. Der Chronist versuchte in einigen Gesprächen und im Briefwechsel das alte vertraute Verhältnis wiederherzustellen. Die Studie „Adler und ich" handelt davon. Denn „Adler" hatte während schlimmer Jahre Frau und Kinder des Bautzenhäftlings besucht und Geschenke mitgebracht. Aber jetzt behauptete er heftig, erst 1966 zur „Firma" gekommen zu sein, nein, nicht *im Auftrag* habe er die Schritte des Entlassenen zu den Verlagen gelenkt, absurd anzunehmen, auch während des Urlaubs habe er ihn bespitzelt. Das war für den Chronisten zu arg, und er ließ das Pflänzlein der Versöhnung verdorren. Ein Freund weniger.

1971 regte L. unter seinen Leipziger Kollegen an, man möge sich jeweils am Montag abend in einer Kneipe zum Skat treffen. Sofort meldete IM „Frank" seinem Führungsoffizier, der alte Knastologe plane unter einem Vorwand die Bildung einer feindlichen Gruppierung. „Frank" saß nun regelmäßig hinterm Blatt, meldete die Zusammensetzung der Runde, den Ablauf der Abende und die Witzchen, die L. machte. Dafür erhielt er Schnaps- und Bierspesen wie auch gelegentliche Verluste aus der Staatskasse ersetzt – die Gewinne ließ das MfS großmütig seinem Vertrauten. Die Beobachtung gab nichts her, da erweiterte der Spitzel sein Repertoire: L. bediene sich dieser Finte, um nach dem Skat zu einer Geliebten zu schleichen. Nun wurde der Rückweg observiert, aber jedesmal fuhr L. mit der Straßenbahn brav heim. Nach etwa zwei Jahren stellte das MfS diese Beobachtungen ein. Makabres Finale: Um die Jahreswende 1989/90, als sein Treiben sowieso beendet gewesen wäre, erlag IM „Frank" dem überreichlichen Alkohol, den ihm seine Freunde von der „Runden Ecke" spendiert hatten.

Diesmal könnte es Dr. Günther gewesen sein, der den Apparat mobilisierte. Denn auch er war Informant der „Firma", die ihn als IM „Richard" führte. Die Bezirksverwaltung Leipzig des MfS beschloß am 5. September 1976 einen „Maßnahmeplan zur Bearbeitung der OPK Loest", in den vieles einfloß, was Günther in den letzten Monaten erbittert hatte. Unter anderem hieß es:

„Seit 1975 gibt es Anzeichen, daß Loest versucht, in seinen literarischen Arbeiten Prinzipien der gesellschaftlichen Entwicklung der DDR in Frage zu stellen, um sich damit für Verlage und westliche Massenmedien interessant zu machen. Offiziell als auch inoffiziell wurde bekannt, daß er die Verbindungen zum Hessischen

Rundfunk nutzte, um weitere Kontakte zum Bertelsmann-Verlag und zur FAZ herzustellen und diese als
Druckmittel zur Realisierung des Romanvorhabens ‚Es
geht alles seinen Gang‘ beim MdV Halle benutzt. Die
Zielstellung der weiteren operativen Bearbeitung besteht
darin, aufzuklären, welche pol.-ideol. Position er gegenwärtig einnimmt, und zu verhindern bzw. einzuschrän-
ken, daß von ihm erneut feindliche oder politisch nega-
tive Handlungen ausgehen. Weiterhin ist der Charakter
der Verbindungen des insbesondere zum Hessischen
Rundfunk, zum Bertelsmann-Verlag, zur FAZ und zum
ehemaligen staatsfeindlichen Personenkreis, dem er
angehörte, aufzuklären. "

Acht Achtgroschenjungs und -mädels aus dem berufli-
chen und privaten Umfeld wurden instruiert, die Über-
wachung des Telefons wie des Postverkehrs verschärft.
Das MfS, auch in der Bundesrepublik tätig, wußte unterdessen, daß L. die Briefe für Zwerenz an dessen Schwie-
germutter adressierte, die in Offenbach wohnte, und
kopierte sie. Die Redakteure des Hessischen Rundfunks
Klocke und Corino gerieten wieder ins Visier – besuch-
ten sie L. zur Leipziger Herbstmesse?

Weiteres aus dem MfS-Arsenal: „Vom IM ‚Schubert‘
wird eingeschätzt, daß Loest ein außerordentlich begab-
ter Autor für die qualitäts-mittlere Literatur ist und daß
von Loest keine Literatur im Sinne hoher geistiger
Ansprüche (zum Beispiel Tucholsky, Strittmatter, Kant
u.ä.) erwartet werden kann. Loest erfüllt alle Ansprüche
der Abenteuer-, Kriminal- und mittleren Kriegslitera-
tur. "

Kollege Schriftsteller und Skatkumpel IM „Brauer":
„Loest ist ein Schwein, doppelt gerissen, er weiß, wie

weit er gehen kann. Im Rahmen, in dem er sich bewegt, macht er alles, was erlaubt ist. Politisch wird er nicht mehr auftreten."

Da standen sie nun an Deck, „Frank" und „Brauer" für den Verband, „Dozent" für dessen Leitung, „Grit" für die Familie, „Hans Heiner" und seine Frau „Richard Moritz" für die Freizeit, „Burkhard" als Schlüsselposition, um die Fäden zu raffen. Auch ein besonders abgeschirmter Genosse aus der Abt. XV mit Kontakt zur Auslandsspionage des Markus Wolf wurde eingespannt, der zu L.s Freunden gehörte und zu dieser Zeit in Potsdam studierte – Soziologie, erzählte er, aber es war wohl mehr die Kunst des Schnüffelns. „Wohngebietsermittlung" gehörte zum Arsenal wie auch die Aufklärung, welche Verbindungen er zu Kollegen in Berlin unterhielt.

Das Wild war eingekreist.

4. Kapitel

Biermann und kein Ende

Es war keine gar so gute Zeit mehr fürs Ländle Deutsche Demokratische Republik. Rohstoffe, vor allem Erdöl, wurden auf der ganzen Welt teurer. Die Sowjetunion, der Hauptlieferant, erhöhte die Preise zwar mit einiger Verspätung, aber sie erhöhte sie doch. Im Schriftstellerverband und im Gespräch mit Verlagsleuten hörte er, von Erweiterung des Papierkontingents könne nicht die Rede sein, man sei schon froh, wenn es nicht schlechter würde. Begehrte Waren lagen seltener in den Geschäften als noch vor zwei oder drei Jahren. Preissprünge bei Schuhen, Lederwaren, Bettwäsche – knapper denn je waren Ersatzteile für Autos. Unsere beste Zeit, sagten die Leute, ist wohl vorbei.

Er wollte kein Auto, folglich brauchte er nicht hinter Reifen und Verschleißteilen herzusein. Vor Jahren hatte er Coopers „Lederstrumpf" neu gefaßt, beinahe jährlich verkaufte der Verlag Neues Leben ein paar tausend Exemplare in die Bundesrepublik. Dafür bekam er Verrechnungsscheine, mit denen er im Intershop westliche Köstlichkeiten erwerben konnte: Jakobs Krönung, Aalkonserven, belgische Pralinen, einen elektrischen Heizofen, ein Kleid für Annelies, einen Rasierapparat von Philipps, Rasierklingen für seinen Vater. Einem vermeintlichen Freund schenkte er 35 Westpiepen, damit der sich Rauhfasertapete an seine Wohnzimmerwände kleben konnte; es war jener Spitzel aus der Abt. XV.

Im Grunde, versicherte er sich und Annelies und seinem Vater, der, ein alter Kaufmann, das gern hörte, im Grunde bin ich für die Verhältnisse hier ziemlich reich.

Aber da quälte dieses Manuskript. Hottas (IM „Willi") schrieb, nachdem er die nunmehr fünfte Fassung gelesen hatte: „Wir haben, wie Du aus dem Gespräch mit dem Verlagsleiter, dem Cheflektor und mir weißt, große Einwände. Sie sind, nachdem nun das vollständige Manuskript vorliegt, nicht kleiner geworden. Wir wollen aber genau prüfen und brauchen deshalb mehr Zeit als die übliche Frist. Dieser Zwischenbescheid, den ich Dir im Auftrag der Verlagsleitung übermittle, soll zunächst einmal lediglich besagen, daß Dein Manuskript nicht automatisch als angenommen gilt, wenn diese Frist überschritten wird." Die Hallenser waren auf der Hut.

Nicht nur L. hatte Probleme. Sorgenvoll saßen sich Noglik (IM „Schubert") und sein Führungs-IM „Arno" beim Steinhäger gegenüber. Tags darauf schickte der einarmige Bandit seinen Bericht ans MfS in der Runden Ecke:

„Treff mit Schubert, 22.6.1976, 16 Uhr, Wohnung Schubert. Zur Zeit schreiben sich Loest und der Verlag wegen des Romans ‚Es geht seinen Gang' böse Briefe, und es geht nicht voran. Schubert meint, wenn Hottas nicht Parteisekretär wäre, hätte er ihn schon längst unter Feuer genommen. Loest befindet sich zur Zeit – lt. Schubert – auf einem Weg, der sehr bedenklich stimmt. Am 1. Mai hat Loest im Deutschlandfunk die Geschichte von den ‚Autos' gelesen. Einige Spitzen sind darin enthalten. Man habe bei der Einleitung zur Lesung nicht versäumt darauf hinzuweisen, daß Loest 7 Jahre im Gefängnis gesessen hat. Sehr bedenklich findet Schubert auch die Geschichte ‚Die Falte' in der letzten Nummer der Sibylle. Loest beschäftigt sich darin mit Problemen der Bildung unserer Jugend. Schubert meint, daß man es so nicht machen könne und er sich wundere, daß die Sibylle das gedruckt hätte. Es könne aber auch sein, räumte Schubert ein, daß er gegenüber Loest zu kritisch sei. Er betonte mehrmals, daß L. sich auf einem Weg befinde, der bedenklich stimmt. L. manövriert sich vielleicht sogar bewußt in eine Position, die nicht gut ist. Man spürt, daß L. nicht lektoratsmäßig an die Kandare genommen wird. Solange er ihn betreut habe, sei alles im wesentlichen gut gegangen, womit er nicht sagen wolle, er sei unersetzlich. Loest hat einmal geäußert, ein Schriftsteller müsse mit 50 ein solches Bankkonto haben, daß er fürs Alter ausstaffiert sei. Offensichtlich habe L. dieses Ziel erreicht – er hat sich ja früher einmal als den meistverdienenden Autor Leipzigs bezeichnet – und glaube nun, auf dieser Basis seine Sachen starten zu können. Loest ist sehr produktiv, aber seine Produktivität braucht Aufsicht. Nur, wie lange geht das jetzt gut? Hottas hat jedenfalls keine Lust, war auch mit Vorbereitung und Auswertung des Parteitags sehr beschäftigt."

Dann aber, im September, als sich nach der Sommerflaute das kulturelle Leben wieder zu regen begann, sickerte diese Nachricht bis zur Oststraße durch: Joachim Nowotny, Erzähler, Hörspiel- und Kinderbuchschreiber (IM „Dozent"), hätte ein Außengutachten beisteuern sollen, ein ablehnendes, und das habe er nicht getan. Ihr täuscht euch, Leute, hätte er den Verlag wissen lassen, vielleicht, daß man hier und da etwas abbiegt, mildert, aber für eine generelle Ablehnung gebe ich mich nicht her. Nun galt Nowotny, gelernter Zimmermann aus der Lausitz, über die Arbeiter- und Bauernfakultät zur Leipziger Universität und zu Hans Mayer gekommen, als integrer Genosse. Nowotny, der Partei täglich dankbar für diese Lebensfügung, war Mitglied des Zentralvorstands und sollte es noch zum Vizepräsidenten an der Seite von Hermann Kant bringen, lehrte am Literaturinstitut – Günther horchte auf. Kommando zurück! entschied er, erneut prüfen, erneut lesen!

Einer immerhin aus dem Mitteldeutschen Verlag wollte L. weiterhin wohl: Manfred Jendryschik. Der erzählte: Es ist zum Totlachen, jetzt polt der arme Hottas sein Gutachten um, aus Ablehnung macht er Zustimmung. Wie wär's, tastete L., du könntest mir dieses Prachtstück herausschmuggeln, und wenn es nur für eine Nacht wäre, damit es abgetippt werden kann; das bräuchte ich für meine Sammlung. Unmöglich, erwiderte Jendryschik, so etwas läßt Hottas doch nicht rumliegen!

Da tauchte ein Mann auf, den er lange kannte: Klaus Walther aus dem Erzgebirge, dem Mitteldeutschen Verlag als Außenlektor verbunden, Herausgeber und Kritiker, Genosse und Mitglied der Bezirksleitung Karl-Marx-Stadt der SED. Ihn fand L. sympathisch, einen großgewachsenen Vierziger von unkompliziertem Gehabe, nicht verkniffen. Walther eröffnete, Dr. Günther schicke ihn, man wolle sich noch einmal über „Es geht seinen Gang" unterhalten; im Verlag hätten sich nach zähen Überlegungen neue Meinungen gebildet. Hottas habe sich im zu lange währenden Ringen verschlissen, Helga Duty wolle sich künftig heraushalten. Eine veränderte Mannschaft solle sich ans Werk machen, das auf Sand gelaufene Schiff flottzukriegen, bestehend aus Loest, Günther und ihm. Er sei dem Projekt zugetan, ohne Blessuren in dieser Sache und durchaus guter Hoffnung. Na? Donnerwetter, erwiderte L., da kriegt ja unsereiner die Tür nicht zu! Hat Nowotny etwas damit zu tun? Und Klaus Walther antwortete mit unschuldig runden Augen: Nicht daß ich wüßte.

Sie fanden zur Sache. Wülff brauche ein Gegengewicht, entwickelte Walther, das sei ja von Anfang an ein Argument des Verlags gewesen. Da habe er eine Idee: Ein *Erzähler* solle eingeführt werden, der das, was Wülff erzähle, seinerseits erzähle und dabei kommentiere, werte, zurechtrücke. Vielleicht sei das ohne größeren Aufwand zu bewerkstelligen, man müsse bloß...

Moment, unterbrach L., das ist genau die Methode, die einmal dem dicken Neutsch nahegelegt worden ist, als er seinen „Gatt" vorstellte. Da hat man ihm einen Erzähler angeraten, und mit dem hat er dann sein Buch gründlich verdorben. Aber wie wäre denn das: Ich füge hin und wieder unten auf einer Seite *eine Fußnote* hinzu, in ihr erteile ich Wülff Zensuren, wie da sein könnten: Hier irrt Wolfgang! Mangelhaftes Klassenbewußtsein! Kollegiales Verhalten: 3 minus. Fehlendes Vertrauen in die Kraft der Arbeiterklasse, zurück auf Seite 21 und noch einmal würfeln!

Sie lachten. Er sehe die Sache ziemlich unproblematisch an, meinte Walther, man werde sich gewiß einigen. Wenn L. sich nicht stur stelle, sei vieles möglich. Ich und stur? rief L. scheinheilig, und wieder lachten sie.

Du hast doch, entwickelte Walther, den alten Huppel, er sitzt Wülff am Schreibtisch gegenüber, ihm erzählt Wülff seine Geschichte. Huppel ist Genosse, hat die Aufbaujahre der DDR mitgemacht wie du und ich – könnte nicht Korrektur von ihm ausgehen? Der könnte Wülff die Leviten lesen, ihm vorwerfen, daß er sich drücke, aus gesellschaftlichen Problemen heraushalte. Huppel könnte die alten Ideale hochhalten und Wülff gegenüber den Daumen senken: Bist ein Spießer! Und könnte auf alte Wunden verweisen, die tiefer waren als von einem Hundebiß.

L. merkte, daß es jetzt darauf ankam, guten Willen zu zeigen. Warum nicht hier und da ein paar Zeilen anfügen und, wenn sie angeklebt wirkten, bei späterem Arbeitsgang leise wieder herausstreichen? Das war eine bewährte Methode, er hatte sie bei „Schattenboxen" probiert. Gut, er nehme sich das Manuskript noch einmal vor, an ihm solle es nicht fehlen. Und vor allem, habe Günther etwas von einem *Vertrag* gesagt? Direkt nicht, dämpfte Walther, aber wie er die Dinge sähe, könnte man sich diesem Punkt nähern, er werde mit Günther reden. Und wenn L. mal ins Erzgebirge fahre, sei er im Hause Walther ein gern gesehener Gast. Das Brauhaus von Wernesgrün liege nicht weit, und ein Kasten „Wernesgrüner Pilsner", in der DDR eine Rarität, stehe immer im Haus. Das, versicherte der Leipziger Bierfreund, sei natürlich ein immens lockender Punkt.

Ein wenig wurstelte er im Manuskript herum, es machte sogar Freude. Ein Kapitel ließ er neu tippen, das bewirkte immer einen guten Eindruck: Seht her, wie gründlich ich zu Werke gehe! Im Gespräch mit Klaus Walther hatte er manches Zugeständnis gemacht, jetzt schien es ihm übertrieben und nicht mehr so wichtig zu sein. Am Grundkonflikt Wülffs mit der Macht würde er keine Abstriche machen. Dann schrieb er weiter an seinem Karl-May-Roman, eine Hörspieldramaturgin besuchte ihn, sie wendeten allerlei Ideen. Seine Tochter arbeitete in einem Heim für Kinder aus zerrütteten Familien und erlebte Überraschendes – wäre derlei ein Stoff?

Da stürzte von einem Tag zum anderen die Welt ein, wenigstens die kulturpolitische der DDR. Nichts wühlte so auf, polarisierte, riß so viele in unberechenbare Wirbel wie die Ausbürgerung Wolf Biermanns durch die Behörden der DDR und der darauf folgende Protest. Am 17. November 1976 verkündeten alle Zeitungen der DDR, Wolf Biermann habe sich bei einem Konzert in Köln die DDR schädigend aufgeführt und sei deshalb kein Bürger des Arbeiter- und Bauernstaates mehr. Zwölf Schriftsteller bekannten Namens baten den Staatsratsvorsitzenden, diese Maßname zu überdenken; ihre Petition gaben sie nicht nur an „Neues Deutschland", sondern auch an eine französische Nachrichtenagentur, von dort geriet sie in die westliche Presse. Dutzende von Künstlern schlossen sich an. Es begann eine Kette von Parteiversammlungen, Gegenerklärungen, Rücknahmen, Treueschwüren, Verdächtigungen, Verunglimpfungen – darüber ist erschöpfend geschrieben worden, und es wird immer wieder darauf zurückgekommen werden, denn die Taten und Untaten von damals wirken nach in den Lebensläufen aller, die betroffen waren. Das 25jährige Jubiläum im November 2001 beispielsweise führte zu einem freudestrotzenden Wiedersehen in den Räumen des Berliner Ensembles am Schiffbauerdamm. Die Helden von damals umarmten sich, Wolf sang alte und neue Lieder, es war triumphal und kam von vielen Lippen: Jetzt sind *wir* hier und leben und haben gewon-

nen, und die Dunkelmänner von dereinst stecken sonst-
wo.

Still saß unser Mann im fernen Leipzig. Er war Biermann nie begegnet. In diesen Tagen fragte ihn keine der
streitenden Parteien, ob er sich auf ihre Seite schlüge –
mit seiner Bürde des alten Zuchthäuslers schien er niemandem ein nützlicher Verbündeter zu sein. Gut so,
meinte er, er mußte nicht in jede Kreissäge, die sich da
drehte, seine Finger stecken. Aber als am 21. November
spät abends das Telefon klingelte und Dr. Günther fragte, ob er L. zwei Tage später sprechen könne, wußte er,
was die Stunde geschlagen hatte. Vorher besuche er Heiduczek, so Günther, er könne sich nicht auf die Minute
festlegen. Macht nichts, erwiderte L., er sei daheim.
Und, das fiel ihm schnell noch ein: Ob Günther vielleicht
bei dieser Gelegenheit *den Vertrag* über „Es geht seinen
Gang" mitbringen könne? Da stockte der Verleger
sekundenlang. Dann: Vielleicht, ja, vielleicht.

Günther war erschöpft. Auf Achse in dieser heißen
Sache? Bei de Bruyn sei er gewesen, bei Heiduczek und
anderen Autoren seines Hauses – aber erst einmal das:
Und der Verleger zog aus der Tasche, worum nun seit
länger als einem Jahr gefeilscht worden war, den Vertrag
über „Es geht seinen Gang". Der Autor las: „Das Werk
soll folgenden Bedingungen entsprechen. Es wird die
Geschichte des Ingenieurs Wolfgang Wülff in der Sprache unserer Tage erzählt. Dabei werden gesellschaftliche
Zusammenhänge aufgedeckt, wie der einzelne die gebo-
tenen Möglichkeiten wahrnimmt bzw. wie W. an keiner
Weiterentwicklung interessiert ist." Das hielt er nicht
gerade für glasklaren Stil (Hottas?), aber damit konnte
er leben. Er blätterte: Die Nebenrechte wurden im Ver-

hältnis 75 zu 25 zu seinen Gunsten geteilt, das ließ sich hören. Verbreitung ab 1977, also rasch. Die Auflagenhöhe: 12 000 Exemplare. So wenig nur? fragte er; 10 000 galten als normale Startauflage, natürlich lag sie bei den Großen der Zunft wesentlich höher. Das sollte ihn nicht verstimmen, erwiderte der Verleger, man könne ja schnell, vielleicht im selben Jahr noch, eine zweite Auflage nachschieben, er rechne mit flottem Verkauf. Das Honorar sollte 15 % vom Ladenpreis betragen, den höchstmöglichen Satz. Das fand L. natürlich famos – es war der großzügigste Vertrag, der ihm je in seinem langen Schriftstellerleben angeboten wurde. Sie zückten ihre Kugelschreiber und signierten mit maßvoller Feierlichkeit.

Dann wendete sich der Verleger dem Thema zu, dessentwegen er gekommen war, der verdammten, leidigen, heißen, vertrackten Biermannsache. Es sei ein Skandal, wie der Kerl sich in Köln aufgeführt habe, den Sozialismus schmähend, und was wäre denn der DDR anderes geblieben, als ihm den Stuhl vor die Tür zu setzen? Ausbürgerung habe seit Nazitagen einen schlimmen Klang, erwiderte L., nun habe man den Schlamassel. Aber anderenfalls hätte man Biermann bei der Rückkehr den Prozeß machen müssen, argumentierte Günther, das hätte noch üblere Aufregung verursacht. Der Staat könne sich derartige Verunglimpfung nicht bieten lassen, das verstünden manche Kollegen nicht, sie seien wie vernagelt, dem Genossen Honecker hätten sie ein Ultimatum gestellt, nun, wenigstens dem „Neuen Deutschland". Jetzt heule die Westpresse auf. Man habe eben in der DDR die wirklich brisanten Probleme nicht ausdiskutieren können, da sei es kein Wunder, daß sich Schriftsteller anderweitig Gehör verschafften, hielt L. entgegen. Günther gab es halb und halb zu, doch was nun vom Zaun gebrochen worden sei, verschlimmere alles nur, geduldig hätten die Kollegen...

Nach einer Stunde sagte L., er habe nirgends gegen die Ausbürgerung Biermanns protestiert, niemand habe ihn darum ersucht, und sollte es noch geschehen, werde er sich verweigern. Aber er werde sich auch nicht auf die Seite derer schlagen, die der Ausbürgerung zujubelten. Als er ins Zuchthaus gegangen sei, habe das keinen seiner Kollegen auf die Barrikaden gebracht, aber er sehe als alter Knastologe keine Veranlassung, eine Polizeimaßnahme zu lobpreisen.

Diese Argumentation, antwortete Günther, finde er brüchig, aber daß L. den Aufruhr nicht vergrößern wolle, sei schon etwas. Und über gewisse Änderungen im „Gang"-Manuskript werde man noch reden? Zum Umfallen müde machte sich Günther davon, nach Hause, ins Bett. Am nächsten Tag, murmelte er, stünden drei weitere Hausbesuche auf dem Programm. Und L. versicherte zum Abschied: Ich möchte jetzt nicht in deiner Haut stecken, Eberhard.

Ein langer, schlimmer Winter. In Berlin tobten Parteiversammlungen und Ausschlußverfahren. Vier Leipziger Autoren, darunter Jendryschick und Peter Gosse, hatten ans Zentralkomitee der SED geschrieben, mit der Ausbürgerung Biermanns sei dem Sozialismus ein schlechter Dienst erwiesen worden. Wie L. hörte, sei der Brief maßvoll in Gedanken und Worten gewesen. Niemand außer den Beteiligten kannte ihn, die Westpresse erfuhr nichts. Dennoch wurden dieses Briefes wegen nicht weniger als *zweiundfünfzig* Sitzungen, Versammlungen,

Beratungen und Verhandlungen geführt. Am Ende, nachdem Parteiausschlüsse gedroht hatten, ging alles aus wie das Hornberger Schießen. Dieser Streit absorbierte die gesamte Kraft des Schriftstellerverbands in Leipzig. Übliche Versammlungen fanden nicht statt, die monatlichen Werkstattgespräche, bei denen L. normalerweise den Vorsitz führte – so weit war er immerhin wieder dabei – kamen zum Erliegen. Wie hypnotisiert starrten die Genossen auf ihren entzündeten, grindigen Nabel. Biermann und kein Ende.

In der Deutschen Bücherei studierte er Wollschlägers Karl-May-Biografie und blätterte in den dicken Faksimile-Drucken der frühen Kolportageromane. Wöchentlich einmal, zweimal stand er auf der Kabarettbühne der „Pfeffermühle". Als dieses Programm zusammengestellt worden war, hatten die Akteure gemeint, man werde an die dreißig Mal damit auftreten, dann hätte sich die Mühe gelohnt. Jetzt war die fünfzigste Aufführung vorbei, jede ausverkauft. L. half sich über Abstumpfung hinweg, in dem er seine Conference zur Satire „Die Sechsbombe" mit aktuellen Späßchen anreicherte. Meist spielten sie nach der normalen Vorstellung bis Mitternacht. Danach im Kollegenkreis ein Bier, um die Spannung abklingen zu lassen. Zu Fuß nach Haus, durchgeatmet. Sie traten in Weimar, Jena und Oberhof auf. Dann bat er die betrübten Kollegen, seine Texte bitte unter sich aufzuteilen; er müsse wieder konzentriert an seinen Schreibtisch zurück.

Wochenlang schaute er das „Gang"-Manuskript nicht an. Im verschneiten Erzgebirge, wo in jeder Wohnstube Schwibb-Bögen vom frischen Tag kündeten und Nußknacker nebst Bergmann heimisch waren, blätterte

Klaus Walther derweil im nicht besonders tiefgreifend überarbeiteten Manuskript. Ihm schien, der hartleibige Leipziger habe durchaus nicht alles berücksichtigt, was vereinbart worden war. Am 17. Januar 1977 schickte Walther ein Gutachten nach Halle. „In unserem Gespräch mit Erich Loest hatten wir auf einige *Minimalforderungen verwiesen,* die unseres Erachtens notwendig sind, damit dieses Manuskript aus der beschreibend-resignierenden Haltung die nötige Distanz gewinnt." Dem Ich-Erzähler sollte ein Äquivalent entgegengesetzt werden, etwa in der Figur des alten Huppel. Leider sei „nur in ganz wenigen Punkten unsere gemeinsame Linie der Überarbeitung realisiert. Loest hat auf das Spiel mit dem ersten Bezirkssekretär im Denken Wolfgangs nicht verzichtet, sondern lediglich den Namen eliminiert, er hat die Ulbricht-Passage gestrichen, und dies ist schon fast alles. Ich weiß nicht, warum Loest seine Meinung geändert hat, weshalb der wesentlichste Punkt unserer Forderungen nicht einmal von ihm versucht wurde. Fragen, Fragen, Fragen. Da sich also das vorliegende Manuskript kaum von der vorangegangenen Fassung unterscheidet, kann ich mich nicht für einen Vorschlag zur Publikation entscheiden." Trotzdem erklärte sich Walther dafür, weiterhin das Gespräch mit L. zu suchen, „um eine Fassung zu erreichen, die die Publikation möglich macht."

Nichts Neues derweil in der Oststraße. Beim Schriftstellerverband stellte L. den Antrag, ein weiteres Mal in die Bundesrepublik reisen zu dürfen; er war hier und da zu Lesungen eingeladen. Deshalb baten ihn seine Leipziger Vorstandskollegen an ihren Tisch. Vorsitzender Hans Pfeiffer fragte, wie er denn – bislang habe man noch nicht darüber gesprochen – zur Biermann-Ausbürgerung stehe. Pfeiffer war Blochschüler gewesen, hatte sich von seinem Meister distanziert, als der geschaßt worden war; er diente sich mühevoll bis in die Bezirksleitung hinauf, immer scheel beobachtet und wie jeder Renegat mit doppeltem Fleiß. Auf Pfeiffers Frage antwortete L., er enthalte sich jeglicher Stellungnahme, denn in diesen Komplex spiele vieles hinein, wegen dessen er mit Zuchthaus vorbestraft sei. Zunächst lastete Stille wie immer, wenn er seinen Knast erwähnte. Pfeiffer beschied, in dieser Zeit verschärfter Spannungen dürfe nur nach dem Westen, wer in der Biermannfrage eindeutig zu Partei und Regierung stehe. L. zuckte die Schultern.

Da endlich, inzwischen war es April geworden, rief Günther an: Er habe nach aufreibenden Wochen die Zeit gefunden, das „Gang"-Manuskript gründlich durchzuarbeiten, man könne, wenn man sich über einige Punkte einige, sehr schnell zu einer Annahme gelangen. Ein Termin wurde vereinbart, Günther legte den Papierpacken auf den Tisch und sprach gewichtige Worte: Heute muß die Glocke werden! Er hub an zu einstündigem Vortrag über die Zeitläufte und das Manuskript im besonderen; L. wußte, daß Günther derlei liebte. Nach notwendigem, klärendem Ringen in der Biermannfrage sei man nun an einem Wendepunkt angelangt. Endlich müßten alle wieder in ihre Arbeit finden, tief durchatmen, Groll begraben, ohne grundsätzliche Positionen aufzugeben natürlich. Im Roman „Es geht seinen Gang oder Mühen in unserer Ebene" sehe er unterdessen – es habe bei ihm auch andere Blickwinkel gegeben, und auch dazu sei Anlaß gewesen – einen interessanten und erwägenswerten Versuch und so weiter. L. hörte still zu. Wülff sei, so finde Günther nun durchaus, ein Mensch unserer Gesellschaft, der sich entwickle, durch Konflikte hindurch müsse, keineswegs so passiv sei, wie manche Kritiker bisher geurteilt hätten. Erich, schloß er endlich, wenn wir uns heute über 26 Punkte einigen, reiche ich morgen das Manuskript beim Ministerium ein. Der Autor sagte: Denn mal los.

Sie debattierten vier Stunden lang. Anfänglich ging es um die härtesten Brocken, hier um zehn Zeilen, dort um fast eine halbe Seite aus dem heißesten Kapitel: „In diesem meinen Rückblick kommt mir der Gedanke, daß der Polizeigeneral, der damals auf dem Leuschnerplatz siegte, heute gar nicht allzu stolz sein dürfte, wenn er daran erinnert wird. Ich jedenfalls denke so: Macht wird stets ausgeübt von jemandem *gegen* jemanden. Und der, der Macht ausübt, sollte sich den, der sie zu spüren bekommt, haargenau ansehen."

Günther widersprach. Im Sozialismus werde keine Macht *gegen* Jugendliche ausgeübt, Verantwortung bedeute etwas ganz anderes. Erich, erklärte der Verleger, ich sage dir klipp und klar: Wenn du auf diesem Satz bestehst, reiche ich deinen Text nicht ein. L. strich. Dasselbe, fuhr Günther fort, treffe auf den Schluß-Satz dieses Kapitels zu: „Letzten Sommer, als ich Sonntag morgens mit Bianca zur russischen Kirche pilgerte, damit wir dort unter Gebimmel unsere Runden zelebrierten, kam ich am Hochhaus vorbei, in dem der Parteisekretär des Bezirks wohnt, das Mitglied des Zentralkomitees, und da dachte ich, was würde der verehrte Genosse wohl antworten, wenn ich ihm meinen Hintern hinhielt und fragte: Na, wie findest du das nach zehn Jahren? Ich müßte lange reden, ehe ich ihm begreiflich gemacht hätte, daß ein Hundebiß noch andere Narben hinterließ, unsichtbare auf der Seele und auf diesem rotfunkelndem Organ, das politisches Bewußtsein heißt. Ich malte mir aus, wie der Genosse zuhörte und nicht lachte wie immerzu in der Zeitung. Ich hoffte, er sagte nicht: Davon weiß ich nichts, damals war ich in Berlin. Und ich hoffte noch viel weniger, daß er sagte: Vielleicht hast du dich an einem Haken auf dem Boden gerissen, Junge, hast du nicht damals deine Luftmatratze gesucht? Spinnerei. Aber eines halte ich für erwiesen: Daß, wo geschlagen wird, immer zwei sind. "

Auch hier gehe der Buchentwurf am Geist der Epoche vorbei. Sozialistische Demokratie und Verantwortung seien ungleich komplizierter. Keine Gnade! Und abermals tilgte der Autor. Im Vorfeld der Schlacht: „Mobilmachung. Es war eine Stimmung wie im Film ‚Der stille Don': Die Deutschen hocken in ihren Schützengräben hinter den Maschinengewehren, die Kosaken sitzen auf ihren Pferden; es ist unglaublich still, als ob früh um sieben die Welt wirklich in Ordnung wäre. Und diese Stille zittert vor einem ganz großen Knall." Kriegsstimmung? fragte Günther, *Bürger*kriegsstimmung? So denn nun doch nicht. Und abermals griff der Autor zum Kugelschreiber.

Dann ging's um ein Wort, um eine Zeile, um die Unschärfe eines Begriffs – beide wußten, daß sie durchs dickste Gestrüpp waren. Nach dem neunten Eingriff bat der gebeutelte Romancier, müde des Meuchelns: Du, Eberhard, für mein Selbstbewußtsein ist es allmählich nötig, daß auch mal ein Punkt an mich geht. Der nächste nicht, aber der übernächste – na gut. Anspannung sackte ab, nach drei Stunden fragte der Hausherr, ob man sich wohl allmählich, ohne das Werk zu gefährden, ein Schlückchen leisten könne? Noch ein paar Kleinigkeiten, einmal wußte Günther selber nicht mehr so richtig, was er gegen eine bestimmte Wendung gehabt hatte – nicht so wichtig. Das da – na, soll's stehen bleiben. Das da – und der Autor gestand: Eberhard, in diesem Punkt hast du ganz einfach recht.

Dann saßen sie ergriffen und erinnerten sich an das, was hinter ihnen lag. Allzu nachgiebig, feige gar hatte sich keiner gezeigt, sie hatten sich mit aller Kraft aufs Auge geschlagen. Sie fühlten Achtung voreinander wie Boxer, die sich das Letzte abverlangt haben. Es war nicht die schlechteste Eigenschaft Günthers, einem Partner beim Abschied fest die Hand zu drücken und ihn dabei an sich heranzuziehen. Mach's gut, Erich! Mach's gut, Eberhard! Günther fügte noch an: Wenn alles einigermaßen abliefe, sollte das Buch vor Weihnachten auf dem Tisch liegen.

Günther ging, und L. dachte über diesen Mann nach, Sohn eines Reichsarbeitsdienstführers, aufgewachsen im Sudetenland; während der Nazizeit wäre er für die Nationalpolitische Erziehungsanstalt für würdig befunden worden, hätte er keine Brille getragen. Abgesehen davon bestes Menschenmaterial! In Dresden besuchte er nach dem Krieg die Arbeiter- und Bauernfakultät, wurde Genosse, studierte und promovierte. Ihm war die Treue zur Partei eingeimpft worden, er fühlte sich eingespannt in ihr Gefüge von Macht und Verantwortung. Anfänglich gehörte ja auch eine theoretische Komponente hinein, die ein Wählen von unten nach oben vorsah, Wechselspiel von Kritik und Selbstkritik, Kontrolle der Spitze durch die Basis; das war Anfang der fünfziger Jahre schrittweise und listig herausoperiert worden. Einmal hatte Günther entwickelt, er halte sich für flexibel und nutze Spielräume aus. Aber, da waren die Adern an seinem Hals herausgetreten, er hatte die Faust auf und nieder geführt und mit genußvollem Pathos deklamiert: Wenn die Partei etwas *befehle*, gebe es für ihn keine Diskussion mehr! Ein Leisetreter, Heuchler, Intrigant, fand L., war Günther keinesfalls. Das war in solch einer Funktion schon allerhand.

Als Vertrauensmann der Staatssicherheit diente Günther folgerichtig auch. 1975 unterschrieb er die Bereitschaftserklärung zu weitgehender konspirativer Mitarbeit und erhielt den Decknamen „Richard". Er galt dem MfS als Fachmann mit weitreichenden Verbindungen und glasklarem Klassenstandpunkt. Jahrelang leistete er treue Dienste. Gegen Ende der DDR-Jahre wollte er sich nicht mehr in konspirativen Wohnungen mit seinen Führungsoffizieren treffen; vielleicht waren sie ihm eine Nummer zu dumm. Verärgerung auf beiden Seiten. Ausführlich kann dies nachgelesen werden in Joachim Walthers Dokumentation „Sicherungsbereich Literatur".

Es wurde Frühling und Sommer, L. arbeitete an seinem Karl-May-Roman, sprach mit einer kundigen Lektorin dieses und jenes Kapitel durch – allmählich rundete sich das Unterfangen. Wenn sein Blick stumpf zu werden drohte, wenn er Abstand gewinnen wollte, entwarf er einige Passagen über seine Jugendzeit: Nachkriegsära, als Volontär bei der „Leipziger Volkszeitung". Als er den Roman „Jungen die übrig blieben" schrieb. Als er Mitglied der SED wurde. 17. Juni 1953, Parteiverfahren. Eigentlich schrieb man ja Memoiren, wenn man richtig alt war, aber er fand: Jetzt erinnerst du dich genauer als in zwanzig Jahren. Jetzt kannst du mit deinem Vater, deiner Schwester, deiner Schwägerin über diese Zeit reden. Schon zwei Jahre vorher hatte er ein Kapitel an die Zeitschrift „Sinn und Form" geschickt, das Blatt der Akademie der Künste. Darin stand, was er von 1936 an in Jungvolk und Oberschule getrieben hatte, es hieß „Pistole mit sechzehn". Denn an seinem sechzehnten Geburtstag schenkte ihm sein Vater eine kriegstüchtige 9-Millimeter-Waffe mit den Worten: Bist nun alt genug, mach' keinen Unsinn damit. Der Halbknabe schoß mit seinen Freunden in verlassenen Steinbrüchen an Blechbüchsen vorbei. Dieses Kapitel, endlich erschienen, hatte ihm freundliches Echo eingetragen. Nun weiter: Das Jahr 1955, als er zum Leipziger Literaturinstitut gekommen war. Als ein heißblütiger Genosse in sein Zimmer trat: Gerhard Zwerenz.

„Es geht seinen Gang", hörte er aus Halle, würde in diesem Jahr nicht mehr erscheinen können, denn wieder einmal wäre das Papierkontingent gekürzt worden. Aber gleich zu Beginn des kommenden Jahres! Und er sagte seinen alten Bautzenspruch her: Wir haben warten gelernt.

Zur Herbstmesse strömten Besucher in die Stadt, und wer vom Kulturvolk auf sich hielt, ergatterte eine Karte für die „Pfeffermühle". Nach der Vorstellung standen Ostler und Westler gedrängt in der Kantine bei Bier und Schnaps und systemübergreifendem Gespräch, überragt vom ARD-Korrespondenten Fritz Pleitgen, der das heitere Wort führte. Da raunte einer in L.s Ohr, ob er denn mal einen westdeutschen Verleger kennenlernen wolle, und L. erwiderte: Warum nicht? So wurde vorgestellt: Herr Böckel aus Stuttgart, Herr Loest, sehr angenehm. Und Böckel entwickelte in einer Ecke, er habe kein Interesse daran, von einem Autor mal das, von einem anderen jenes zu bringen, er wolle einen Autor ganz, möchte ihn aufbauen über Jahre hinweg, alles andere hielte er für kurzatmigen Kleinkram. Herr Loest habe doch, wenn er recht unterrichtet sei, noch keinen westlichen Verleger? L. berichtete von „Es geht seinen Gang". Gut, Böckel wollte das Manuskript lesen. Diesmal sah L. keine Veranlassung zum Alleingang wie fast zwei Jahre vorher, als er sich in München eine Abfuhr geholt hatte. Jetzt teilte er dem Hallenser Verlag selbstzufrieden mit, in Stuttgart bestehe Interesse – noch während dieser Messe konferierten Böckel und Günther, und schon am 22. September 1977 erhielt L. aus Halle ein feines Schreiben: „Wir freuen uns, Ihnen mitteilen zu können, daß die DVA in Stuttgart 3000 Exemplare Ihres neuen Werkes ‚Es geht seinen Gang‘ von uns mitproduzieren läßt. Sie haben die Möglichkeit, 35 % des Honorars in Valutaschecks zu erhalten. Bitte teilen Sie uns mit, ob Sie diese in Anspruch nehmen wollen."

Er wollte durchaus.

5. Kapitel

Das gelbe Buch

War's kühler geworden in der Kulturpolitik? Eine Äußerung des Kulturministers dort, die Ablehnung eines
Manuskripts hier – Klima setzt sich aus vielen Kompo-
nenten zusammen. Es war ja immer so gewesen, wenn
die Politik ins Schleudern geriet, nach dem 17. Juni
1953, nach dem XX. Parteitag der KPdSU drei Jahre
später: Nach einiger Zeit, langsam und leise konsolidier-
ten sich die beharrenden Kräfte, die Hüter des Sozialistischen Realismus, des positiven Helden und der führen-
den Rolle der Partei. Der Biermannwirbel hatte konser-
vative Thrönchen wackeln lassen, aller Erfahrung nach
schien es an der Zeit, daß sich die betagten Dunkelmänner wieder in Position brachten.

Anfang Februar 1978 gab Günther die Memoiren-
bruchstücke zurück. Seine Haltung dazu war ohne
Schwanken, ohne einen Lidschlag heimlichen Einver-
ständnisses. Er könne diesen Bericht nicht bringen,
und er wolle es auch nicht. Was L. da über Hitlerjugend, Nazischule und Krieg mitteile, gehe an, je weiter
er sich aber in die DDR-Zeit voranschreibe, desto frag-
würdiger werde es. Schon in der Ära der antifaschi-
stisch-demokratischen Ordnung lasse er es an Partei-
lichkeit fehlen. Die Wandlung des SED zur Partei neu-
en Typus, gar der 17. Juni, gar die Darstellung seines
Parteiverfahrens danach, die Rolle, die er dem Stellvertreter des Kulturministers Siegfried Wagner dabei

zumesse, wie versöhnlerisch er mit Ernst Bloch, Hans Mayer und Gerhard Zwerenz umgehe, alle drei längst als Renegaten im Lager des Gegners – ein Sammelsurium von Unmöglichkeiten für einen sozialistischen Verlagsleiter.

Wieder einmal begriff L., wie eng der Spielraum war, den Günther besaß und den er sich zubilligte. Günther wollte so sein, wie Johannes R. Becher, der Dichter und erste Kulturminister der DDR, es von jedem Kommunisten verlangte: Er mußte sich selbst immer wieder in Einklang mit den Forderungen der Partei bringen. Wenn Widersprüche klafften, war es niemals die Aufgabe der Partei, eine Schere zu schließen. So war Günthers politisches Lebensprinzip, diese Askese erfüllte ihn, einen Flagellanten neuen Typs, mit Stolz. Zum Schluß sprach er deutliche Sätze: Dieses Manuskript riecht nach Fortsetzung. Du wirst weiterschreiben wollen, und in welche Zeiträume und Gefilde du dann vorstößt, wissen wir beide. Ich warne dich, Erich. Wenn du dich bis Bautzen vorwagen solltest und deinen Text im Westen herausbringst, ist hier für dich kein Platz mehr.

Gefahr kroch auf den Mitteldeutschen Verlag zu. Das Presse-Echo über „Tod am Meer" von Werner Heiduczek klang zwiespältig. Die Konservativen, Abusch, Gotsche, Kurella, und ihre Gefolgsleute mußten ja erst einmal dahinterkommen, an welchen Tabus gekratzt worden war, mußten ihre Pfeile anspitzen und die Bogensehnen spannen. Das brauchte Wochen. Vorerst stichelten sie, hoben die Brauen, setzten drohende Mienen auf. Günther, vor wenigen Jahren erst aus demselben Gebüsch gekrochen, spürte, was sich im Unterholz zusammenrottete. Die Altgläubigen hatten ihm schon einmal Wunden geschlagen, und wenn das Wetter kippte, brannten die Narben.

In diesem Frühjahr las der neugierige Autor, auf Resonanz erpicht, hin und wieder öffentlich aus seinem „Gang"-Manuskript. In der Schwimmhalle des Oktoberbeton ließ er einen bösen Zusammenprall zwischen Wülff und einem schwarzbehaarten, energischen Elternteil mit Bauchansatz geschehen, der seinen Jungen, *seinen* kleinen Jungen zum Schwimmen abrichtete; den nannte Wülff in ungebremster Wut einen Faschisten. Andermal reflektierte er über Wasserwerferstrahl und Hundebiß, so auch vor Studenten einer Fachschule in Markkleeberg. In der Diskussion fragte ein Zuhörer höchst verwundert, ob er wohl recht gehört habe, dieser Roman werde demnächst in einem Verlag der DDR erscheinen und richtig und legal in den Buchhandlungen zu kaufen sein? Mit *dieser Passage?* Da versicherte der Autor in staunende Gesichter hinein, er habe bereits die Druckfahnen in den Händen gehalten, nur noch wenige Wochen hin, und es werde zum Ladenpreis von acht Mark wohlfeil sein. Das, bekannten die Studenten, hätten sie nie und nimmer für möglich gehalten, es sei wunderbar und heiße sie hoffen. Er gab sich überlegen: Es sei nicht einfach gewesen, das Manuskript unter Dach zu bringen, aber wo beharrlicher Wille sei, gebe es doch so manchen holprigen Weg. So erfreulich hätten sich die Zeiten gewandelt! Die Studenten versicherten, in ihnen hätte er seine ersten Käufer.

An diesem Abend begann eine schauderhafte Bekanntschaft. Ein Ehepaar erbot sich, ihn im Auto mit zurück in die Stadt zu nehmen; der Mann war Fotograf, sie Angestellte eines Kulturhauses. Sie entdeckten gemeinsame Bekannte, wohnten nicht weit voneinander – wollten sie sich wiedersehen? Tags darauf meldete der freundliche Transporteur, längst IM des MfS mit der Spezialrichtung Wirtschaftsbeobachtung, er habe den Schriftsteller Loest kennengelernt, Aufbau einer persönlichen Beziehung sei möglich. Bestehe Interesse? Von nun an tauchte er oft und unvermutet auf, verhielt sich hilfsbreit, lud ein. Ein Eimer Farbe für die Tochter? Null Problem. Seinem Auftraggeber lieferte er ausufernde Berichte und viele gestochene Fotos. Sämtliche Gäste der Feier zu L.s 55. Geburtstag – vier Wochen danach reiste er von Sachsen nach Niedersachsen, Abschiedsstimmung war spürbar – fanden Abzüge des Emsigen in ihren Akten. Als L. in Osnabrück wohnte, besuchte der Spitzel ihn, angeblich war er auf Dienstreise nach den Niederlanden, um für einen Uhrenkatalog professionelle Vorlagen zu erarbeiten. Tagelang blieb er, war pflegeleicht und besorgte sogar den Abwasch. Mit dem Auto schnell diese und jene Besorgung – auch das keine Schwierigkeit. L.s neue Freunde lernte er kennen, lud sie nach Leipzig ein und haute auch sie in die Stasipfanne.

Als L. Anfang 1990 unter kuriosen Umständen in den Besitz von etwa 300 Blatt Stasimaterial gelangte, flog auch IM „Bernd" auf. L. ließ ihn wissen, was er wußte; „Bernd" eilte sofort zu ihm. „Du kannst mir auch gleich eine runterhauen", sagte er an der Tür. L. wußte nicht, ob er diesen Besuch als dreist oder mutig ansehen sollte. Seine Frau hätte nichts von der Sache gewußt, versicherte „Bernd". Und: „Ich wollte eben auch mal raus." Und: „Denk ja nicht, daß sie uns gut bezahlt haben." Bevor ihn L. nach einer halben Stunde wegschickte für immer, fiel noch dieser Satz: „Damit muß ich nun leben."

Die Frühjahrsmesse nahte, und eines Abends, auf dem Sofa liegend – Klaus Sauer hielt Wort –, hörte L. im Deutschlandfunk die eigene Stimme: „Eines Morgens dräute Bauerheld, dunkle Elemente hätten für den kommenden Sonntag, zehn Uhr, eine Protestdemonstration gegen die Verhaftung der Old-Kings-Combo auf dem Leuschnerplatz angesetzt, und es sei strengstens verboten, daran teilzunehmen. Zehn Uhr am Sonntag auf dem Leuschnerplatz, wiederholte er gründlich, und wehe, wenn jemand von euch hingeht!"

Und später: „Ich war fort, fort, sah den aufgefächerten Bogen des Wasserstrahls über der Straße und duckte mich und lief mit langen Sätzen, und erst am Markt blieb ich keuchend stehen und besah meine zerrissene Hose."

Schließlich: „Auf mich hatten eben Polizisten Jagd gemacht, mich hatte ein Hund gebissen, ich war eben Feind gewesen."

Kaum hatte er abgeschaltet, als Dr. Günther anrief: Er habe gerade den Deutschlandfunk gehört. „Erich, du hast mit dieser Lesung dir und mir einen miserablen Dienst erwiesen." Der Autor gab sich trotzig: Aber wieso, das Buch sei legal nach dem Westen verkauft, jetzt mache er dort Reklame, wo liege das Problem? Günther ließ sich nicht besänftigen. Er sollte recht behalten.

Kurz darauf, Anfang April 1978, rief der Pförtner einer Druckerei in der Oststraße an; L. konnte vom Erker seiner Wohnung aus das Tor sehen. Sie hätten ein Buch von Loest gedruckt, sollten sie die Belege rüberschicken? Was, schrie er, sie sind fertig? Er komme sofort! Minuten später hielt er die ersten Exemplare von „Es geht seinen Gang" in den Händen, gelb-schwarz die Ostausgabe, weiß-schwarz die für die Bundesrepublik, letztere natürlich auf besserem Papier. Feierlich trug er sie heim, setzte sich in den Sessel, blätterte, bedachte wie jedesmal, wenn er ein neues Buch betrachtete: Das hast du nun Wort für Wort geschrieben, nichts ist rückgängig zu machen, jeder kann dich preisen oder dir dein Produkt um die Ohren hauen. Durch seinen Kopf gingen simple Sätze: Wenn du irgendwann nachgegeben hättest. Wenn du beim letzten Gefecht mit Günther nicht nachgegeben hättest. Nie war ihm ein Buch so schwer gemacht worden, nie hatte er es sich so schwer gemacht.

Feierstunde, Erschöpfung. Er entsann sich, am Beginn seiner Schriftstellerei einmal ein frisches Exemplar tagelang mit sich herumgetragen zu haben, in der Aktentasche, wenn er zur Bank ging. In der Kneipe hatte er es neben das Bierglas und abends auf den Nachttisch gelegt. Zangengeburt, Kaiserschnitt. Ganz leise reden, auf den Balkon setzen und in den Garten schauen. So wird es im Schaufenster wirken. Einen Freund anrufen: Du, das neue Buch ist da, nein, ich verkohl' dich nicht. Er las: „Ich hob beide Hände auf Brischidds Schultern, dort lagen sie, und ich wußte nicht, was ich mit ihnen anfangen sollte. Brischidd schütteln, gegen die Mauer drücken, an meine Brust ziehen?" Ach, Wolfi Wülff, dachte er, wie hab ich anfänglich auf dich hinabgeblickt, aber als ich dich näher kennenlernte, hast du mir Respekt abgenötigt, und wenn schon nicht das, so hab ich wenigstens begriffen: Du bist du und ich bin ich, wir sind unfähig, einander zu ändern, sollten aber begreifen, daß wir nebeneinander ganz gut auskommen können. Bist mir ein Freund geworden, Wölfchen, Wolfi, Wolf, du maßvoller Aussteiger. Ich werde dich verteidigen, wenn sie dir an den Karren fahren. Und du, was kannst du für mich tun, wenn sie mir deinetwegen ans Leder wollen?

Zwei Wochen lang schrieb er keine Zeile. Er signierte, packte ein und brachte zur Post. Freunde holten sich ihr Exemplar, das war Grund zu manch kleiner Feier. Er las den Klappentext, den er nicht, wie üblich, einem Lektor überlassen hatte, darin nannte er sich einen haßliebenden Leipziger. „Loest hat sich immer zu seinem Lehrmeister Hans Fallada bekannt, mit ihm könnte man Wolfgang Wülff fragen: Mittlerer Mann, was nun?"

Festwochen. In sie hinein paßte dieser Brief: „Lieber Erich Loest! Du hast meines Erachtens ein wichtiges Buch geschrieben, das sicher bei vielen Zustimmung wie auch manchen Widerspruch hervorrufen wird. Ich bin davon überzeugt, daß Dein Buch – um den Titel einmal zu variieren – seinen Weg machen wird. Unsere Zusammenarbeit bis zu diesem für uns alle freudigen Ereignis war nicht immer bequem. Wir haben uns nicht nur Freundlichkeiten zu sagen gehabt, haben uns gestritten und dann verständigt. Ergo war das Ganze produktiv. Laß uns noch viele Bücher zusammen machen! Herzliche Grüße, auch an Deine Frau, Dein Eberhard Günther."

Die Hinrichs'sche Buchhandlung in der Mädlerpassage unweit von „Auerbachs Keller" kündigte eine Signierstunde an, dafür hatte sie fünfzig Exemplare bereitgestellt. Mehr anzubieten war bei solchem Anlaß nicht üblich, meist waren weniger abgesetzt worden. Als er sich ein paar Minuten vor der Zeit dort einfand, lungerten Leute an den Regalen und vor der Tür, als er sich ans Tischchen setzte, bildete sich im Nu eine Schlange. Er maß sie mit den Augen und entschied: Pro Person nur ein

Exemplar bitte. Dann nummerierte er und schrieb die Namen der Käufer hinein: „Nr. 1 der Signierstunde am 14. April 1978 herzlich für…“, so zog er die Prozedur ein wenig in die Länge. Blumen gab's, und er probierte mit Wolfgang Mattheuer das schöne sächsische Wort „Gormorgsschdodd“, so hatte er das hehre Karl-Marx-Stadt transkribiert.

Das MfS war durch seine Kontaktperson „Almuth“ konspirativ vertreten, die wie immer auf Wahrheit bedacht informierte. Nach ihrem Bericht an Oberleutnant Claus wurde eine Aktennotiz angefertigt, in der es heißt: „Die KP war von 16.40 bis 17.30 anwesend. In dieser Zeit waren mehr als 80 Personen dort. Verkauft wurden 46 Bücher. Viele der Anwesenden bekamen kein Buch mehr und bestellten sie in der Buchhandlung. Gegen 17.00 erschien eine Frau mittleren Alters und übergab, auch für Loest überraschend, ihm eine Flasche Sekt mit der Bemerkung, auch ein neues Schiff wird mit einer Flasche Sekt getauft. Danach verließ die Frau sofort wieder die Buchhandlung. Von der KP wurde beobachtet, daß der bildende Künstler Mattheuer zur gleichen Zeit dort erschien und sich bei Loest erkundigte, wie seine Bücher verkauft werden. Im Nachhinein hatte die KP ein kurzes Gespräch mit dem Loest. Da die KP kein Buch mehr bekam, erklärte sich L. bereit, ihr eines mit persönlicher Widmung zuzusenden. In Gegenwart des L. befanden sich noch dessen Ehefrau und sein Sohn. Bei dem Gespräch sagte dessen Ehefrau: ‚Sehen Sie, nun erscheint das Buch meines Mannes doch noch.‘ Gegen 17.30 war die Veranstaltung beendet. Journalisten aus dem kapitalistischen Ausland wurden nicht festgestellt.“

Das erste Echo kam von Günter Kunert: „Lieber Ärich, Du weißt ja, daß Schriftsteller von ihren Zeit- und Landgenossen kaum was lesen in der irrigen Meinung, nichts Wesentliches erfahren zu können. Nun enthält auch Dein Buch keine Enthüllungen irgendwelcher Geheimnisse, das ist auch nicht der frappierende Zug daran, sondern die Intensität, mit der die Misere dargestellt ist, und – natürlich – daß sie überhaupt dargestellt ist. Ein erstaunliches Buch! Es ist wahrscheinlich das erste, das keinen faulen Kompromiß eingeht und seine kritischen Intentionen am Ende ins Harmonische abbiegt. Aber das weißt Du alles selber, und ich kann Dir weiß Gott nichts anderes mitteilen als meine Hochachtung vor diesem absolut gelungenen Unternehmen, das nicht, wie so vieles, sinnlooous ist. P.S.: Kannst Du mir noch ein Exemplar schicken?"

„Ich bin kein Held, sagt Wülff. Ist er deshalb ein Versager?" So überschrieb Christel Foerster ihre Kritik in der „Leipziger Volkszeitung", dem Blatt der SED vor Ort, die erschien, ehe sich in Chefredaktion oder Bezirksleitung eine Meinung festsetzen konnte. Ein wenig sei in der Kulturabteilung am Text gefeilt worden, nicht mehr als allgemein üblich, erinnerte sich die Journalistin 24 Jahre später, auch habe es in der Bezirksleitun mit dem 1. Sekretär Schumann ein nicht unfreundliches Gespräch gegeben. Die LVZ-Kritik hielt der Autor für hilfreich, Atmosphäre bildend, Böen nicht aufkommen lassend. „Die zu diesem Leben gehörende, keineswegs krause Geschichte", hieß es da, „erzählt Wülff manchmal dem Leser direkt, manchmal dem Schreibtischpartner, dem ‚guten alten Huppel'. Eine liebenswerte wahrhaftige Figur. Die Grunderlebnisse Wülffs kommen aus dem Milieu dieser Stadt Leipzig, genauer: aus einem Teil der ‚inneren Ostvorstadt‘, aus der Gegend südlich der Thälmannstraße. Niemand zeihe den Autor, nur weil er ‚kleine‘ Leute in ihren kleinen Verhältnissen und mit ihren kleinen Wünschen darstellt, der Kleinbürgerlichkeit. Nein, Loest ist ein genauer Chronist mit Ansprüchen an die Moral. Binsenweise steht der Satz: ‚Wer liebt, ist verletzlich.‘ Ich ahne in ihm einen Schlüssel zum Buch. Meinem Geist war es nützlich, und meinem Herzen gab es Mut.“

Von der Ostseeküste schrieb Wolfgang Schreyer, als Verfasser von spannenden Tatsachenromanen solider Rechercheur, der Drogist gelernt hatte und auf erprobte Art auch im neuen Metier die feine Waage nutzte: „Der ‚Gang‘ hat bis zum Ende für mich durchgehalten. Ihr bestes Buch! Ganz abgesehen von den erfrischenden Spezialeinlagen, die Geschichte ist rund, die Charaktere vertragen diesmal die Naturalismen und gewinnen dadurch an Profil. So wie ich dazu neige, im Dokumentarischen der Zeitgeschichte zu versacken, so droht Ihnen oft der Absturz in Alltagsbanalität; das scheint in unseren Talenten halt so angelegt, es nimmt unseren Texten auf jeden Fall Breitenwirkung – so lange eben nicht der Funken einer Idee zu Story und Figuren aufspringt; dann kann das Laster zur Bereicherung werden, und das ist beim ‚Gang‘ geschehen.“

Fritz Rudolf Fries, in Leipzig aufgewachsen, unterdessen Schriftsteller in der Nähe von Berlin: „Lieber Loest, ich glaube, hier ist Ihnen alles gleich gut gelungen, Figur und Sprache und Fabel, es hat die Schnoddrigkeit im Ton, die angemessen ist, es belegt das Neudeutsch unserer hemustrunkenen Menschen, das Schrankwand/Regalwand-Klischee ist ein Alptraum, und noch bei der Erotik kriegt man lesend eine Gänsehaut. Die Schnoddrigkeit geht ja auch übers Lokale hinaus und tradiert den amerikanischen Roman, Selby oder C. Bukowski, den mir neulich der Zoll ausm Auto zog und für sich behielt wegen schweinisch." Darin war Fries groß, das Prahlhänschen: Mit einem Nebensatz streute er dreimal Bedeutsames: 1. er kannte sich aus in der westlichen Literatur. 2. er war im Ausland gewesen und das 3. sogar im eigenen Wagen. Seine IM-Berichte als „Pedro Hagen" und eine eitle und verharmlosende Biografie aus dem Jahr 2002 lesen sich ähnlich.

Ach, Kalliope, die Muse der Epikerei und somit für unseren Sachsen zuständig, konnte sich nicht genug tun, füllhornweise das Glück über ihn auszukippen; bisher war sie ja mehr anderweitig beschäftigt gewesen. Wie hatte sich ihm neidvoll das Zwerchfell verhärtet, hörte er, daß Christa Wolf nach New York flog, Kunert nach London, Fries hatte Portugal im Visier, Fühmann in Hamburg und Kant am Rheine, Heiduczek wollte zu Schiff nach Indien – nun dampfte auch er mit gültigem Visum in die Welt. In Amsterdam verfrachtete ihn Professor Labroisse in eine bols-eigene Kneipe und lehrte ihn, wie man jungen Genever aus übervollem Glase schlürft. Frau Labroisse tischte auf, was gut und landesüblich. Da speiste er vier Matjesfilets, von jedem Käse ein Häppchen und zum Schluß noch mal zwei Filets, weil sie ihm schmeckten und er hoffte, so könnte er der Hausfrau eine Freude machen. Als er tags darauf in einem Geschäft entdeckte, daß ein Filet 2,20 Gulden kostete, schämte und entschuldigte er sich gebührlich. Er las vor Germanistikstudenten und hörte verwundert, etliches wäre ja gar nicht so viel anders als in Holland. Auch im Seminar von Professor v. Bormann wurden leipzigerische Probleme durchaus verstanden. Diese Stadt! Zwei halbe Tage blieben – Reichsmuseum *oder* van-Gogh-Museum, für beide reichte die Zeit nicht. Die Stiege im Anne-Frank-Haus hinauf. Rasch nach Utrecht ins Seminar von Gregor Laschen, auch hier vermochten junge niederländische Germanisten dem Geschehen im Leipziger Osten durchaus zu folgen. Welch Glück, Schriftsteller im Aufwind zu sein! Gehabte Schmerzen, die hatte er gern.

„Sehr geehrter Herr Loest! Seit 1961 arbeite ich als Deutschlehrer auf einem Dorf. Ich habe Ihr Buch mit Begeisterung gelesen und freue mich, daß es innerhalb weniger Tage ausverkauft war. Dazu habe ich ein bißchen beigetragen, ich habe allein acht Käufer geworben – aber das ist nicht mein Verdienst, sondern Ihres. Ich wollte Ihnen sagen, daß für solche Bücher ein ungeheures Bedürfnis besteht. Nichts gegen die großen Traditionslinien, aber wir leben ja heute mit unseren heutigen Problemen, bei deren Bewältigung uns die Kenntnis der Vergangenheit nicht immer bis zur letzten Konsequenz helfen kann."

Gerhard Zwerenz meldete sich im Südfunk Stuttgart zu Wort. Er wollte Druck auffangen, den er von DDR-Dogmatikern befürchtete: „So erzählt heute niemand mehr, im modernen Westen schon gar nicht, konventionell, ohne alle Gags, in Verachtung modistischer Theorien. Obwohl wenig geschieht in seinem Roman, liest man atemlos, pausenlos und hingerissen. Wie hier die sächsische Sprache zum Klingen gebracht wird. Wie schön sie klingen kann. Erzählt wird mit Liebe, ohne Haß, obwohl die Leute Liebe und Haß nicht entbehren. Der Text enthält politische Sätze, die in der DDR bisher nicht gedruckt werden konnten. Ich weiß nicht, warum man dem Ex-Häftling gestattet, so zu schreiben. Gegen Schluß allerdings glaubt man zu verstehen: Das Buch erfüllt eine wichtige neue Staatsfunktion. Es predigt das kleine Glück der Genügsamkeit. Der Ingenieur will an der Macht nicht teilhaben, und wenn man ihn dazu zwingen will, antwortet er mit Feindschaft. Wenn er aber in Ruhe gelassen wird, lebt und arbeitet er als loyaler Bürger. So was braucht ein Staat. Die DDR braucht es auch. Das rätselhafte Buch kann ebenso ein raffiniertes, opportunistisches Bekenntnis zum DDR-Untertanen sein wie eine ungeheuerliche sarkastische Satire darauf. Loest war einmal ein revolutionärer Marxist. Im Zuchthaus müssen sie ihm andere, neue Lehren eingebrannt haben. Seine Liebesgeschichte mit ihren herben Melancholien hat nicht ihresgleichen. Wer dies Buch nicht kennt, kennt nicht die DDR und nicht die DDR-Literatur. Und nicht das Vergnügen, das dieser Autor zu bereiten versteht mit seiner so selten gewordenen Kunst der Menschendarstellung."

Kein Dichter lebt vom Lob allein: „Sehr geehrter Herr Loest! Wir freuen uns, Ihnen mitteilen zu können, daß unser Verlag beabsichtigt, die 2. Auflage Ihres Werkes ‚Es geht seinen Gang' in einer Auflagenhöhe von 22 000 Exemplaren herauszugeben. Voraussichtlicher Erscheinungstermin: September 1978. Diese Mitteilung trägt vertraglichen Charakter. Mit freundlichen Grüßen, Mitteldeutscher Verlag, Verlagsleitung."

Stefan Heym: „Ich habe Ihr Buch in einem Zug durchgelesen. Nicht nur, daß Ihre Menschen leben und daß die

Erzählung technisch hervorragend gemacht ist, sondern vor allem, daß es ein liebenswertes Buch ist. Ich habe lange nach diesem Wort liebenswert gesucht, um das Gefühl zu beschreiben, daß ich von dem Buch hatte, als ich es zuklappte. Und eigentlich ist es ein Propagandabuch *für* die DDR, denn immerhin sagt Autor Loest aus, daß dies ein Land ist, wo ein anständiger Kerl wie Ihr Wülff doch sein Glück finden kann."

Das erfuhr er verwundert und verärgert auch: Etwa jedes zehnte Exemplar wies einen eklatanten Mangel auf, unerklärlich für eine halbwegs moderne Druckerei. Darüber schrieb Friedrich Dieckmann: „In dem Exemplar der Erstauflage, das ich 1978 mit Glück in der Brecht-Buchhandlung erstand, fehlte der zweite Bogen, die Seiten 17 bis 32. Dafür war der erste doppelt vorhanden, und schon damals glaubte ich nicht, daß es sich um ein Versehen handelte; es lag nahe anzunehmen, daß auf diesen Seiten etwas politisch besonders Unangenehmes stünde. Die Vermutung verdichtete sich, als ich die westdeutsche Fernsehverfilmung des Buches nachmals mit einer Szene beginnen sah, die ich von der Lektüre her nicht kannte, mit dem Kesseltreiben der Polizei gegen Jugendliche, die mit Wasserwerfern auseinandergetrieben wurden. Das konnte nur in diesem zweiten Bogen stehen; vielleicht war das Buch nur deshalb zu haben gewesen, weil es gelungen war, ihn in einem Teil der Auflage zu eliminieren."

Ein bis heute ungeklärtes Rätsel.

Er hörte von Leuten, die ihr Exemplar verborgten auf zwei Tage; der Leiher gab es für eine Nacht weiter an einen Unterleiher, der las darin vier Stunden und fünf Stunden seine Frau. In Karl-Marx-Stadt fotografierte es ein Ingenieur im betriebseigenen Labor Seite für Seite. Eine Leipzigerin tippte es ab, in engstem Zeilenabstand und ohne jeden Fehler. Der Chronist besitzt das dritte von fünf Exemplaren, es wurde schon in Ausstellungen gezeigt. Und er hielt es für das Größte, daß sich *unter den Leuten* – gibt es eine Steigerung über *die Leute* hinaus? – ein Begriff bildete: Das gelbe Buch.

6. Kapitel

Der Schuß von der Kanzel

Wenige Wochen nach dem Erscheinen des Buches, unmittelbar vor dem VIII. Schriftstellerkongreß der DDR, auf dem Anna Seghers die Leitung an Hermann Kant abgeben sollte, von dem ein neuer, dynamischer Kurs zu erhoffen war, eilte Dr. Günther erregt nach Leipzig. Im Ministerium für Kultur habe man ihm am 27. Mai 1978 mitgeteilt, weitere Auflagen von „Es geht seinen Gang" und „Tod am Meer" seien untersagt. Natürlich fragte der erschrockene Autor nach dem Grund, und Günther versicherte, er kenne ihn nicht. Nun war L. in seinem Roman mit Polizisten, NVA-Offizieren und Funktionären spöttisch und kritisch umgegangen, hatte seinen Helden in Gedanken ein Gespräch mit dem 1. Parteisekretär des Bezirks führen und ihn sich vorstellen lassen, Honecker käme dorthin, die beiden hockten da in ihren ausgewaschenen Blauhemden von dereinst – so mancher konnte sich auf den Schlips getreten fühlen, aber wer? Alles Raten bringt uns nicht weiter, entschied Günther. Trotzdem schlug er vor, L. solle eine der immer noch brisanten Szenen mildern. Günther hatte schon angestrichen: Wenn dies und das getilgt würde, könnte er im Ministerium geltend machen: Seht, wir entschärfen – vielleicht könnte man so einen Umschwung herbeiführen.

Anfang der achtziger Jahre, in einer Dokumentation für den Deutschlandfunk, sagte L.: „Ich erinnere mich noch genau an diesen Abend. Natürlich war ich wie vor den Kopf geschlagen, ich war sogar noch viel zu verstört, um wütend sein zu können. Mensch, Eberhard, sagte ich, überleg doch mal, das Buch ist im Westen erschienen, nun käme eine zweite Auflage, geändert, entschärft – stell' dir doch vor, was das für die Westpresse für ein Fressen wäre! Erste Fassung, zweite Fassung – ich mach' das nicht. Wir tranken Weinbrand bei diesem Gespräch, im Lauf des Abends eine ganze Menge, glaub ich. Und Heiduczek, fragte ich, wie ist es mit dem? Da käme der Schuß vielleicht sogar aus der sowjetischen Botschaft, da sei wahrscheinlich überhaupt nichts zu machen. Doch bei ‚Es geht seinen Gang' könne man Verbesserungen vorschlagen. Aber welche denn? Mir war klar: Wenn du in dieser Weise nachgibst, schlägst du dir selber die Beine weg."

Zwei Tage später schrieb L., nun in klarem kaltem Zorn, einen Brief an Günther. Zunächst zählte er, um Dokumentierung bemüht – man konnte ja nicht wissen, was noch alles passierte –, penibel alle Streichungsvorschläge auf, ein gutes Dutzend, darunter Reizsätze wie: „Inzwischen kämpfte der Wasserwerfer in der Schillerstraße, wir wagten uns wieder vor und sahen durch die Bäume hindurch, wie die Polizeikette mit ihren Hunden auf der Straßenkreuzung siegte." Oder. „Ich haßte dieses Hundevieh und hatte die Gesichter der Polizisten nicht vergessen, aufgeheizt und rot und wütend, vielleicht hatte jemand denen eingetrichtert, jeder von uns hätte einen Schlagring in der Tasche, und unsere Anführer besäßen Pistolen." Er zog seinen Schluß: „Dieser Änderungsvorschlag für eine weitere Auflage ist für mich ohne Beispiel. Doch: Fallada änderte, als die Nazis kamen, in

‚Kleiner Mann, was nun?' einen SA-Schläger in einen Fußballflegel um. Man hat ihn später deswegen der Charakterlosigkeit geziehen. In meinem Fall hießen diese Änderungen, dem Buch den Konflikt zu entziehen, Wüllfs Wut und Enttäuschung herauszufiltern. Ich würde damit dem Buch seine Grundlage nehmen. Zum zweiten aber: Wie soll ich denn vor meinen Lesern argumentieren, die natürlich diese Lücken aufspüren werden? Wird die Westpresse in diese Lücken hineinstoßen, und was sage ich dann? Zum dritten: Wie wollen wir mit dem Vertragspartner Deutsche Verlags-Anstalt in Stuttgart verfahren, wenn der weiterhin die erste Auflage verbreiten will und nicht die kastrierte zweite? Ein aus mehreren Gründen unzumutbarer Vorschlag also. Ich willige nicht ein und melde gegen einen Auflagenstop meinen Protest an. Die rechtlichen Mittel, die mir zur Verfügung stehen, werde ich ausschöpfen. Zunächst einmal ist mir eine Auflage von 22 000 Stück für den Herbst zugesichert. Diese Auflage erscheint, oder der Verlag wird sie mir bezahlen. Erinnerst Du Dich noch an den Skandal um ‚Christa T.'? Heute blicken die, die ihn verursacht haben, mit Scham auf ihn zurück. Wenn es einen Skandal um ‚Es geht seinen Gang' geben sollte: Ich werde mich nicht zu schämen haben. P. S.: Einen Durchschlag schicke ich sofort an Verbandspräsident Hermann Kant."

Jeder kennt Situationen, in denen sich einer voller Wut und Entschlossenheit sagt: Jetzt keinen Schritt zurück! Was hast du nicht schon alles einstecken müssen, besann er sich, einen in 50 000 Exemplaren ausgedruckten Roman haben sie dir auf einen Wink des Ministeriums für Staatssicherheit hin eingestampft. Er hieß

„Der zwölfte Aufstand", spielte in Bürgerkriegswirren nach dem Ersten Weltkrieg und war in einer Berliner Tageszeitung abgedruckt worden, das MfS hatte verärgert mitgelesen; der Chronist besitzt ein einziges Exemplar. L. mobilisierte Erinnerungen, um sich gegen Feigheit zu panzern: Was hast du wegen eines jeden Buchs für zermürbende Debatten führen, was für Kompromisse schließen, was für Demütigungen ertragen müssen! An Hermann Kant schrieb er: „Vier Jahre Arbeit sind für die Katz, eine nervliche und seelische Anspannung, wie ich sie vermutlich nicht noch einmal aufbringen kann, scheint vertan. Meine Antwort auf unzumutbare Vorschläge schicke ich Ihnen. Wirklich, ich fürchte den Skandal. Ich suche die Konfrontation nicht, ich möchte friedlich leben und arbeiten, bin aber auch nicht bereit, mir selber einen Fuß abzuhacken. Vielleicht ist es dem Verband möglich, eine Eskalation abzuwenden? Ich bitte um Ihre Hilfe."

Die Stasi war immer im Bild. Almuth Bisky, wechselnd Angestellte des Rates des Bezirks oder der Bezirksleitung der SED in Leipzig, (KP „Almuth") informierte am 23. Juni 1978 Oberleutnant Claus über ein Telefonat vom Vortag. L. hatte ihr sein neues Buch mit Widmung geschickt. Claus notierte, der zu kontrollierende Schriftsteller hätte der Kontaktperson anvertraut, „daß vor kurzem ein Verleger bei ihm zu Hause war, der ihm mitteilte, daß nicht wie geplant die für September vorgesehene Zweitauflage seines Buches erscheint, wenn er nicht gewillt ist, die ‚Leuschnerplatzszene' umzuschreiben. Loest erklärte sich dazu nicht bereit. Die KP verblieb mit ihm so, ihn anzurufen, wenn sie das Buch gelesen habe, und sich dann mit ihm über den Eindruck zu unterhalten. Bei dem Gespräch hatte sie den Eindruck, daß Loest äußerst aggressiv aufgelegt war."

„Almuth" war seine zuverlässigste Beschatterin. Als Anfang der neunziger Jahre ihr Spitzeln bekannt wurde, verzichtete sie auf die gängige Blödheit, nie habe sie jemandem geschadet, und erklärte, aus Parteitreue fürs MfS tätig gewesen zu sein. Übrigens habe sie immer Achtung vor Loest empfunden. Ehemann Lothar, unterdessen Vorsitzender der PDS, antwortete auf die Frage eines Reporters, ob er über das Geheimtreiben seiner Frau informiert gewesen sei, schlagfertig und galant, stets habe er sich intensiver für die Schönheit seiner Frau als für irgendwelche Nebentätigkeiten interessiert.

Rasant ging's weiter. In L.s Erinnerungsmappe findet sich diese Notiz: „Am 29. Juni 1978 kommt Dr. Günther abends um neun zu mir, vorher ist er bei Heiduczek gewesen. Das Präsidium des Verbands habe getagt. Sowohl Kant als auch Höpcke seien im Besitz meines Briefes gewesen, dennoch sei mein Problem nicht zur Sprache gekommen. Nun sehe er für mein Buch so gut wie keine Chance mehr. Als Ersatz schlage er eine Krimi-Auflage vor. Mein Einwand: Ich wolle nicht von mir aus auf eine ‚Gang'-Auflage verzichten. Er: Das solle ich auch nicht, er werde einen Brief schreiben, in dem er erkläre, aus den ‚Dir bekannten Gründen' könne er keine Nachauflage bringen. Günther stellt es sich so vor: Der Verlag behält die Rechte, ich dulde, daß keine DDR-Auflage gebracht wird, er vertritt das Buch weiterhin im Ausland. Am Ende spendete er billigen Trost: Ich würde noch viele Bücher schreiben, man denke nur an Fontane! Wie wäre es mit einer Liebesgeschichte ähnlich ‚Gripsholm'? Ein unerquicklicher Abend ohne Ergebnis."

Hermann Kant antwortete auf einer Postkarte: „Lieber Erich Loest, ich habe Ihren Brief erhalten und mich sofort an Klaus Höpcke gewandt. Wenn ich helfen kann, werde ich es tun. Jedenfalls bleibe ich an der Sache, bis eine akzeptable Lösung gefunden ist. Ich glaube, Sie werden bald vom Verlag hören. Entschuldigen Sie bitte das Handschriftliche in schrecklicher Schrift, aber ich bin wieder einmal im Krankenhaus. Mit besten Wünschen und mit Dank für den Vertrauensbeweis Ihr Hermann Kant."

Ein paar Wochen lang hatte er über allen Wolken geschwebt, nun war er auf die DDR-Erde hinabgestürzt. Jetzt nichts gefallen lassen! versteifte er sich. Das Maß ist übervoll, die da oben haben dich ins Zuchthaus gesteckt und deiner Frau und deinen Kindern sieben bittere Jahre zugefügt. Dich schädigten sie gesundheitlich schwer, und keiner ist auf die Idee gekommen, dich in irgendeiner Weise zu rehabilitieren. Hast dich hochgewurstelt durch allerlei Widrigkeiten, diese Kröte wirst du nicht schlucken. Mit Freunden hechelte er wutentbrannt diesen Komplex durch, und die Besonneneren unter ihnen urteilten: Das Unnormale, Absonderliche *war das Erscheinen* von „Gang", mit dem Auflagenstop ist alles in die gehörige Ordnung zurückgekehrt. Willst du das nicht endlich begreifen?

Diese Ratschläge konnten ihn nicht abhalten, seinem Verleger zu schreiben: „Lieber Eberhard Günther, ich schicke Dir diesen Brief nach Hause, damit er Deine Akten nicht belastet. Geschrieben muß er werden, damit Du über den Inhalt nachdenken kannst, sonst würde unsere nächste Unterredung – falls es noch zu einer kommt – endlos lang und verworren werden. Denn es ist

Dir, wenigstens kenne ich Dich so, besser möglich, den eigenen Standpunkt darzustellen, als den eines anderen zu begreifen. Ich möchte aber, daß Du mich begreifst. Ich möchte fair zu Dir sein. Du hast keinen großen Spielraum, vielleicht hast Du gar keinen. Und da möchte ich Deine Möglichkeiten, das Gesicht und die Position zu wahren, nicht noch zusätzlich verengen. Deine Position sehe ich so: Du mußt Befehle ausführen, auch wenn sie Dir nicht passen, so ist das nun mal mit Befehlen. Aber zusätzlich, und das ist das Schlimmste, mußt Du auch noch so tun, als fälltest Du die Entscheidung. Du darfst die nicht nennen, die befehlen. Als Du Verleger wurdest, wußtest Du das. Du hattest ja jahrelang selbst kraft Deiner Befehlsgewalt, vom Ministerium aus, andere Verleger in solche Situationen gebracht. Jetzt steckst Du selber drin. Ich bin kein Marxist-Leninist, vielleicht darf ich von bürgerlichen ethischen Normen ausgehen. Diesen Normen nach müßtest Du jetzt Deinen Hut nehmen."

Weiterhin schilderte L. die verworrene Vertragssituation und kündigte an, die Auslands- und Werknutzungsrechte zurückzufordern. Auf der Bezahlung der versprochenen 22 000 werde er bestehen. „Ich bin schwer angeschlagen. Meine literarische Sicht auf unsere Welt ist also nicht tragbar. Ich habe aber keine andere Sicht und kann auch nicht auf die Idylle ausweichen, wie Du mir rietest. Gewiß brauche ich erst einmal viel Zeit, um mich von diesem Schlag zu erholen."

Noch viele Jahre später empfand Günther diesen Brief als beleidigend und ungerecht. Im Sommer 2002 schrieb er dem Chronisten, es sei eine Verleumdung gewesen, er habe andere Verleger „in solche Situationen gebracht":

„Du wußtest doch durch mich selbst, daß ich 1968 im Ergebnis eines Parteiverfahrens als Fachgebietsleiter abgelöst worden war, weil ich unter anderem die Druckgenehmigung für Manfred Bielers Roman ‚Das Kaninchen bin ich‘ erteilt hatte und nicht bereit war, mich zu revidieren."

Im Juli 1978 antwortete Günther nicht weniger schroff. Er erklärte sich aufgrund des Inhalts außerstande, diesen Brief als Privatbrief zu behandeln, und wies die Bemerkungen über seine Stellung als Verleger entschieden zurück. „Sie zeugen nicht nur von einem völligen Unverständnis gegenüber dem Prinzip des demokratischen Zentralismus, sondern auch von einem tiefen Mißtrauen gegenüber den Leitungsorganen unseres Staates. Um Ihnen also das Schreiben der ausdrücklich angekündigten Vertragslösung zu ersparen: Hiermit gibt Ihnen der Mitteldeutsche Verlag wunschgemäß alle Rechte an dem Roman zurück."

Flankierend erschien am 3o. Juli 1978 im „Sonntag", der Zeitschrift des Kulturbundes in Ost-Berlin, eine vernichtende Kritik, geschrieben vom Literaturprofessor Werner Neubert. Nach Verweis auf die Erlebnisse Wülffs auf dem Leuschnerplatz („ein sogenannter Diensthund") und befehlsgemäßem Haarschnitt kurz vor der Entlassung aus der Armee folgerte Neubert: „Hieraus entwickelt Wülff nun ununterbrochen seine Selbstwarnung vor allem, was mit Machtausübung und Autorität zusammenhängen könnte, seine ganze Lebenskonzeption. Mit der Wertung dieser Episoden, die die Gesamtsicht seines Ich-Erzählers bestimmt, geht Loest jedoch am Wesen der Beziehungen von Individuum und Gesellschaft im Sozialismus völlig vorbei. So entsteht, trotz seiner Detailbeobachtung im Alltag, insgesamt ein DDR-Bild, das nicht unser reales Verhältnis von Macht und Verantwortung und der Teilnahme jedes einzelnen wiedergeben kann."

Am Schluß das Urteil: „So gerät das Buch zunehmend in den Ton des bloßen Räsonierens über das Problem von Macht und Verantwortung bei uns. Der ‚klein-bleiben-wollende Mann' reagiert sein Mißbehagen ab, was er selbst immerzu in sich produziert. Wenn Loests zentrale literarische Figur sich den Luxus solcher durchweg für den Sozialismus unproduktiver, zuweilen fast neurasthenischer Übersensibilität leisten kann, dann wirklich nur, weil Millionen keineswegs weniger Empfindsamer, aber fest Entschlossener im Lande Deutsche Demokratische Republik seit dem 8. Mai 1945 Tag für Tag und Stunde für Stunde das getan haben und tun, was revolutionäre sozialistische Tat, Pflicht und Verantwortung heißt!"

Dieser Hieb blieb nicht ohne Widerspruch. Wolfgang Mattheuer, der mit seiner Frau Ursula „Es geht seinen Gang" für den Kunstpreis der Stadt Leipzig vorgeschlagen hatte – den L. natürlich nie erhielt –, schrieb eine Gegenkritik. „Herr Neubert erhebt sich auf den Sockel der objektiven und geschichtlichen Wahrheit und erkennt von dort oben, ungestört von Tages Qual und Müh, daß des Wolfgang Wülffs Detail- und Tagesbeobachtungen, die zahlreichen und ärgerlichen, ‚die ihn wundstoßen', nichts als Zufall sind. Loests Buch ist mir ein realistischer Roman der 70er Jahre in unserem Land, über dieses und über uns. Vom Leipziger Osten aus die nächste Welt gesehen, so scharf, so genau, als sollte von der ganzen weiten gesprochen werden: voller kritischer und heiterer Sympathie für Stadt und Land und arbeitsame Leute. Die Rezension von W. Neubert und das Nichterscheinen einer zweiten Auflage zeigt wieder, wie schwer es realistische Kunst hat, auch dort, wo sie passieren soll und darf."

Auch der Kritiker Günter Ebert protestierte beim „Sonntag", aber weder er noch Mattheuer erhielten eine Antwort, geschweige, daß ihr Beitrag gedruckt worden wäre. Ebert: „‚Es geht seinen Gang' ist kein leeres Faß bloßen Räsonierens, keine flache Klageschrift eines umgestülpten Karrieristen. Wer zu einem solchen Urteil kommt, kennt entweder das Leben nicht oder hat das Buch mit einem dicken Vorurteil in den Augen zur Kenntnis genommen."

Günter Kunert, selbst mehrfach und tief durch DDR-Kritiker verwundet, schickte seine Denkschrift „Deutschkunde" an den „Sonntag". „Zu den vielen öffentlichen Geheimnissen hierzulande gehört auch dies, daß es eigentlich keine Literaturkritik gibt, nur ideologische Zensuren für künstlerische Produkte. Selbst wenn etwas empirisch Nachprüfbares und Belegbares wie ‚historische Wahrheit' existierte anstelle schwankender Interpretationen vergangener Ereignisse, so wäre sie doch an sich völlig ungeeignet, die ästhetischen Ergebnisse künstlerischer Kreativität vorherzubestimmen. Diese Forderung erheben heißt: Rücknahme der Aufklärung, Re-Installation von Glaubenspostulaten. Oder bedeutet, daß jemand, dem Kunst als Gegensatz zur persönlichen Depravierung unerträglich ist, den Zwang verspürt, sie zerstören zu müssen. Wer selbst schwerem inneren und äußeren Druck ausgesetzt ist, versucht diesen abzuleiten, weiterzugeben, indem er andere, die scheinbar angstlos tun, was er nicht wagt, dem gleichen Druck unterworfen sehen will."

Eine Berlinerin: „Das sind meine Jahre, selbsterlebte. Auch ich habe in der Schule die Beatlessongs geschmettert, mußte meine langen Haare abschneiden, weil sie an BB erinnerten. Ihr Buch ist aufrichtig. Ihr Buch ist auch beunruhigend. Wenn auch in meiner Schrankwand kein Lämpchen glüht, bin ich doch nicht besser dran, bin vor allem nicht besser. Mein Mann und ich waren erschrocken, wie viel von dem sich in uns befindet, über das wir so angeregt zu lächeln bereit waren, zunächst. Katharsis. Vielleicht hat Neubert auch derlei empfunden, vielleicht selbst einen Sprößling im Vorschulkinderschwimmkursus, vielleicht gerade das letzte Honorar in eine besonders schöne Schrankwand verbuttert. So reagiert nur, wer betroffen ist."

Der Buchhandel des Küstenbezirks hatte zu seinem sommerlichen Basar geladen, zum ersten und letzten Mal war L. dabei. Die Rostocker Buchhändler horteten für diesen Tag alles, was begehrt und selten war und packten es auf Tische, hinter denen Autoren saßen, signierbereit. Wer von den Urlaubern weit herum in seinen heimischen Läden vergeblich nach einem begehrten Buch gefahndet hatte, stürmte hier an. Rar waren nicht nur Romane von Spitzenautoren der DDR oder Lizenzausgaben von Böll bis Hemingway, sondern genauso Sachbücher über Gartenpflege, Autoreparatur und Aquarienkunde. Vierhundert Mal hatten die Rostocker „Es geht seinen Gang" gestapelt, die letzten Exemplare, die es im DDR-Buchhandel gab. Von der ersten Minute an drängten sich die Kunden um seinen Tisch und schoben ihn zurück gegen die Hauswand. Manche versuchten, zwei, drei, fünf Exemplare zu ergattern, griffen über die Schultern der Vorderleute. Streit, gelindes Chaos. Er signierte, eingekeilt in diesen Trubel, und ihm, der überglücklich über diese handgreifliche Abstimmung hätte sein sollen, war es schwer ums Herz. Da ging Stück für Stück weg, Stücke von ihm, sie wurden losgetrennt, abgehackt. Dann war der Tisch blank, die Leute, die leer ausgegangen waren, zerstreuten sich. Wann denn eine Nachauflage käme; er antwortete: wahrscheinlich nie.

Genauso tags darauf in Wismar. Er war von Freunden und Bekannten gebeten worden, ein paar Exemplare für sie abzuzweigen, nun kaufte er sein eigenes Buch auf. Dann war auch hier abgeräumt.

Für den Abend waren die Autoren zur Bezirksleitung der SED geladen, auf dem Büfett lockten Aal und Lachs, Schinken und Pasteten zwischen Bananen und Ananas, in kupfernen Kesseln brodelte Gulaschsuppe. Steaks und Würste dufteten vom Grill. Er staunte über die Fülle und ärgerte sich: Auf jeden Schriftsteller kamen drei Funktionäre. Da lernte er den Sekretär für Kultur der Stadtleitung kennen, auch den der Kreisleitung Rostock Land, der Stadtleitung Wismar, den zweiten Sekretär für Kultur der Bezirksleitung, den Sekretär für Kultur der Kreisleitung des Gewerkschaftsbunds, und alle ließen es sich wohl sein. Er, Werner Heiduczek und ihre Frauen wollten sich in eine Ecke zurückziehen, da wurde ihnen bedeutet, der Tisch dort sei *fürs Personal*. Das schnürte ihm vollends den Magen zu. Reg dich nicht auf, mahnten Annelies und Heiduczeks, du änderst nichts, die verstehen dich nicht mal, kaufst dir morgen deine Bockwurst wieder selber.

An diesem Abend sprang die Idee einer Bittschrift für die beiden verfemten Romane an den Staatsratsvorsitzenden auf. Ein Dutzend Schriftsteller setzte sich für die gestoppten Bücher ein – kriegten sie so viele zusammen? Eine Petition hatte nach der Biermann-Ausbürgerung das Unterste zu oberst gekehrt, sollten sie diese Methode wiederholen? Wenn überhaupt, dann kein Wort an die Westpresse. Abwarten, riet Heiduczek, noch waren nicht alle Mittel erschöpft. Er sei dabei, ausführlich an Abrassimow, den sowjetischen Botschafter, und Kurt Hager im Politbüro der SED zu schreiben. Antwort sei nicht zu erwarten, aber dann habe er immerhin seinen Standpunkt klargelegt.

Zurück nach Leipzig. Post steckte im Kasten: „Stadt- und Kreisbibliothek Schmölln. 7. August 1978. Sehr geehrter Herr Loest! Leider muß ich Ihnen mitteilen, daß wir die geplanten Lesungen in Schmölln nicht durchführen können. Die SED-Kreisleitung, für die eine Veranstaltung geplant war, hat plötzlich abgesagt."

Unterdessen erschienen die ersten Kritiken in westdeutschen Zeitungen. In der FAZ urteilte Sabine Brandt – zwanzig Jahre danach sollte sie eine Studie über L.s Romane verfassen und dabei „Es geht seinen Gang" ins Zentrum stellen –: „Ein politischer Roman? Ja, weil das bei diesem Sujet nicht anders sein kann. Nein, weil von Menschen erzählt wird, die zwar in einer durch und durch politisierten Umwelt leben, aber Wesen aus Fleisch und Blut sind, ehrgeizig und faul, zufrieden und verzagt, lieb und widerwärtig. Es ist ein Roman über die anderen Deutschen, die wenig anders sind als wir. Was uns hier vorgeführt wird, ist eine Art von Staatsverdrossenheit. Daß es dieses Phänomen auch in unserer Hälfte Deutschlands gibt, haben uns unsere jungen Leute während der letzten zehn Jahre lautstark gezeigt."

Daß Schriftsteller Briefe schreiben, gehörte einst zu ihrem Handwerk und diente zur Auseinandersetzung mit anderen und sich selbst. In neueren Tagen hat das Gerede vor Mikrophonen und Kameras auf die Briefkultur tödlich gewirkt. Im Streit um diesen Roman aber wurde das Bedürfnis geweckt, nicht nur mal schnell am Telefon einen Glückwunsch zu äußern oder seinem Zorn Luft zu machen. In der DDR waren Kopierer, wie sie in der Bundesrepublik bereits auf jedem Postamt, in jeder Behörde und vielen Geschäften zur Verfügung standen, in weit schlechterer Qualität nur in Betrieben vorhanden. Da man mit ihnen auch multiplizieren könnte, was der Obrigkeit unangenehm, verwahrten Vertrauenspersonen die Schlüssel. So spannte mancher Schriftsteller so viele Durchschlagspapierbögen wie möglich in die Schreibmaschine und verschickte überzählige Exemplare an Kollegen.

„Lieber Erich Loest, seit vier, fünf Wochen will ich Dir schon schreiben. Ich hab' Dein Buch gelesen und möchte meine Freude darüber ausdrücken. Dir ist, finde ich, etwas Wichtiges gelungen, nämlich Alltag wahrheitsgetreu zu beschreiben, frei von rosa oder grünen oder sonstigen Ideologie-Brillen. Manche Szenen gehen noch darüber hinaus: Besonders die am Anfang auf dem Leuschnerplatz und die in der Schwimmhalle, die sind erstaunlich in ihren Konsequenzen. Und sonst ,riecht' man geradezu DDR-Wirklichkeit: Im Neubauviertel, im Büro und in der Altbauwohnung, das stimmt einfach alles, so leben die Leute, so reden sie, so richten sie sich ein. Ich hab's in einem Zug durchgelesen, war sehr froh, daß einer, daß gerade Du das gemacht hast. In diesem Land versteht man ganz gut, einander fertigzumachen, besonders unter Autoren, da sollten wir doch auch ein bißchen darauf achten, uns, wenn es möglich ist, gegenseitig zu bestärken. Das wollte ich eigentlich, und mich bedanken als Leser. Ich hoffe, es geht Dir gut und Du kannst normal arbeiten. Sei gegrüßt! Deine Christa Wolf."

Rechtzeitig beantragte er eine Reise zur Buchmesse nach Frankfurt am Main, für die beiden Wochen danach hatte ihm die Deutsche Verlags-Anstalt einige Lesungen in Süddeutschland zugesichert. Er mahnte brieflich abermals an: Wie wollte sich die DVA nach dem Auflagenstop in der DDR verhalten? Wie stand es mit dem Verkauf in der Bundesrepublik? Keine Antwort.

In diesen Tagen schrieb Wolfgang Schreyer an den Mitteldeutschen Verlag: „Lieber Herr Dr. Günther, anläßlich der Buchbasare hier hat mich Erich Loest von Schritten gegen ‚Es geht seinen Gang‘ und auch gegen ‚Tod am Meer‘ unterrichtet, zwei Bücher, auf die Sie und Ihr Haus stolz gewesen – und es gewiß noch immer – sind. Ein vorübergehender Wettersturz für engagierte DDR-Literatur? Möglich, aber über diesen wiederkehrenden Klimaverschlechterungen werden wir allmählich alt und grau, ohne mit dem zu Wort zu kommen, was wir zur Entwicklung unserer Gesellschaft zu sagen haben. Mich erschreckt die Tatsache, daß diesmal bereits erteilte Druckgenehmigungen faktisch annulliert werden. Das kann man schwerlich hinnehmen, sollte es überhaupt nicht für möglich halten. So nämlich wird das Vertrauen in eine sinnvolle Zusammenarbeit mit den Autoren nachhaltig erschüttert. Nach drei Jahrzehnten müßte unser Staat doch Kulturinstitutionen haben, die fähig sind, ihre Arbeit selbst zu tun. Es hat bei uns schon immer eine tief, nämlich dreifach gestaffelte Kontrolle literarischer Äußerungen gegeben: die Selbstzensur der Autoren, die Vorprüfung der Verlagslektorate und schließlich – dies beides ständig aktivierend – die Kompetenz der Hauptverwaltung, Druckgenehmigungen zu erteilen oder nicht. Das ist zusammengenommen ein recht massiver Apparat, geeignet, neue Gedanken so lange zu filtern, bis sie so neu nicht mehr sind. Nun greift aus dem Dunkel höherer Sphären drastisch ein vierter Zensor ein, um bemerkenswerte, publikumswirksame Bücher in vollem Lauf zu stoppen. Im Preußischen Allgemeinen Landrecht von, ich glaube, 1795 steht der Kernsatz: ‚Der brave Unterthan zeige Mängel des öffentlichen Wesens der Obrigkeit an, mache aber davon kein Geräusch im Publikum.' Dieser Grundgedanke aus der Periode des aufgeklärten Absolutismus scheint manchem unserer Verantwortlichen gar nicht so fremd zu sein. Im Zeitalter der Elektronik allerdings haben Versuche, etwas per Druckerschwärze totzuschweigen oder zu verdecken, wenig Aussicht auf Erfolg. Erich Loest hat schon einmal, wie Sie wissen, für seine (parteiintern geäußerte) Wahrheit sieben Jahre lang Schlimmes erlitten, und man hat ihn bis heute befremdlicherweise nicht rehabilitiert. Ich bitte Sie und Ihre Mitarbeiter, alles zu tun, was in Ihren Kräften steht, den Verlust einer wertvollen Arbeit zu verhindern – um dieses Autors willen, den man sonst in Verzweiflung stürzt, und auch wegen der Signalwirkung eines so fürchterlichen Schritts.

Mit bestem Gruß Ihr Wolfgang Schreyer.

PS: Sie müssen diesen Brief nicht vertraulich behandeln, ich würde es sogar begrüßen, wenn Sie ihn anderen zur Kenntnis brächten."

Schreyer informierte Franz Fühmann, der fand die Denkschrift viel zu kompromißbereit und antwortete sofort: „Man muß doch sagen: Hört mal zu, Kameraden, ändern werde ich meine Schreibe im Sinne einer Rückkehr zur Selbstzensur nie mehr, es kommt jetzt alles darauf an, welchen Ton sie annimmt: Wenn ihr so weitermacht, wird er noch bitterer und schärfer – ich wünsche keine Feindschaft, aber ihr provoziert sie, und wenn ihr sie partout wollt, ja, dann eben so! Das wäre doch die Konsequenz!"

In diesen Sommertagen ging, kroch, schleppte L. sich in einen der widerwärtigsten Winkel Berlins, eingezwängt zwischen Brandenburger Tor und Reichstag, unaufgeräumt, als sei der Krieg gerade vorbei, durchschnitten von der Mauer und Drahtsperren zur Spree hin. In einem Hintergebäude hatte sich das Büro für Urheberrechte eingemietet, vom Hof ging der Blick an der Mauer hinauf, dahinter ein Eckturm des Reichstagsgebäudes mit der schwarz-rot-goldenen Fahne ohne Werkzeug in der Mitten. Von diesem Vorposten schaute er ein Jahrzehnt später in den dreckigen Hof hinab, als er aus der Hand der Gesamtdeutschen Ministerin den Jakob-Kaiser-Preis entgegennahm. „Völkerschlachtdenkmal" war verfilmt worden – aber das führt schon in andere Geschichten hinein.

Beim ersten Besuch saß er einer höflichen Dame gegenüber und trug sein Begehren vor: Der Verlag Hoffmann und Campe in Hamburg beabsichtige die Herausgabe eines Bandes von Erzählungen, einige davon seien in DDR-Verlagen erschienen, vier hingegen nicht. Unter den Schriftstellern der DDR meinte damals jeder zu wissen, Texte, die von drei heimischen Verlagen oder Zeitschriften abgelehnt worden waren, könnte man „drüben" herausbringen; wo das schwarz auf weiß festgelegt wäre, wußte allerdings niemand. Er nannte die Titel der ungedruckten Geschichten: „Zwei Briefe von Rohdewald", „Löffel-Franz", „Eine ganz alte Geschichte" und „Natürlich ein Stoff". Die hätte er beim Mitteldeutschen Verlag, dem Verlag Neues Leben, den Zeitschriften „Sinn und Form" und „Neue Deutsche Literatur" angeboten wie sauer Bier; niemand habe sie drucken wollen. Die Dame notierte und versicherte, je öfter die Geschichten in der DDR abgelehnt seien, desto stärker bestehe Aussicht für die Genehmigung zum Westdruck – er schied in guter Hoffnung.

Ein paar Wochen später war er wieder in Berlin, wollte nachfragen und fand das Haus still; leer lagen die Korridore. Auf Klopfen hin erschien ein kleiner, feiner Herr, stellte sich als Adolf vor, der Direktor. Ob Herr Loest angemeldet sei? Das wurde verneint, und Herr Adolf zog die Brauen hoch ob dieser Ungebührlichkeit. Er habe von dem Vorgang gehört, zu gegebener Zeit werde Herr Loest eine Einladung erhalten. Da entschuldigte sich L., daß er einfach so hereingeschneit sei, und sagte ein Sprüchlein auf, mit dem er in Bautzen bisweilen die Wärter verblüfft hatte: „Ich sehe meinen Fehler ein und will's nicht wieder tun." Herr Adolf blieb ungerührt.

7. Kapitel:

Auf der langen Bank

Da erwuchs zu allem unnötiger, blödsinniger Ärger. Lutz Lehmann, ARD-Korrespondent in Ost-Berlin, verfiel auf die Idee, einige DDR-Schriftsteller über ihre Situation zu befragen; L. sollte dazu gehören. Stefan Heym habe in der Autoren-Edition bei Bertelsmann eine Anthologie herausgegeben, „Auskunft 2", L. sei mit „Eine Falte, spinnwebfein" vertreten. Aus dem Kreis der dort versammelten Autoren wolle Lehmann eine Diskussionsrunde gewinnen. Heym habe zugesagt, desgleichen Kunert, Helga Schütz, Poche, Jakobs, andere wären im Urlaub. Gut, sagte L., er habe in der nächsten Zeit wenig vor und wolle gern nach Berlin kommen.

Unversehens entwickelte sich eine Haupt- und Staatsaktion. Lehmann wurde ins Außenministerium der DDR zitiert, dort wies ihn ein Staatssekretär darauf hin, für solch eine Debatte brauche Lehmann die Genehmigung der DDR-Behörden, anderenfalls verstoße er gegen die Journalistenverordnung von 1973. Die ARD meldete, Lehmann habe eine Sendung mit dem Titel geplant: „Die Lage der Schriftsteller in der DDR." Die Ständige Vertretung der Bundesrepublik in der DDR wurde mit dem Vorhaben betraut, das auf einmal ein diplomatischer Fall war. Scharf wurde unterschieden, daß Korrespondenten, wenn sie Persönlichkeiten des öffentlichen Lebens interviewen wollten, der Genehmigung bedurften, beim gemeinen Mann hingegen nicht. Beide Seiten kommentierten erbost, die Unterzeichnung eines Vertrags über den Bau der Autobahn von Hamburg nach Berlin schien gefährdet. Vor Heyms Haus stiegen stämmige Zivilisten aus „Wartburg"-Limousinen und lungerten am Zaun; Heym bot ihnen Tee an. Vor Kunerts Haus parkten ständig Autos, die Kerle knallten mit den Türen, kurvten um den Block. Es war ein Affentheater. Marianne Kunert, Günters couragierter Frau, gelang es, telefonisch zu Kurt Hager vorzudringen. Sie schrie, was da draußen geschehe, sei bodenlos und wahnwitzig, und wenn es nicht sofort aufhöre, gebe es einen riesigen Skandal. Die Belagerung wurde eine Viertelstunde später aufgehoben.

Der Leipziger Staatsfeind spähte durch die Gardinen; in seiner stark befahrenen Oststraße mußte er ähnlicher Aufmerksamkeit entbehren. Vom Rat des Bezirks erhielt er einen Anruf, Interviews über „Die Lage der Schriftsteller in der DDR" seien nicht genehmigt, und erwiderte, davon habe er gehört. Ihn verwarnte Almuth Bisky alias KP „Almuth", diesmal mit klassenbewußt scharfer Stimme. Dann fiel prompt sein Telefon für ein paar Tage aus, und das Westfernsehen meldete, Lehmann habe auf sein Vorhaben verzichtet. Dies der Schlußpunkt: „Lieber Erich Loest, hier ging ein Gerücht um, Kant hätte erreicht, daß Ihr Roman doch in eine zweite Auflage geht. Die Aufregung um die Fernsehsache hat sich äußerlich jetzt gelegt. Wieso es so hochgestochen wurde, ist mir auch nicht klar. Lehmann hat mir versichert, er habe ,Die Lage der Schriftsteller' nicht erfunden. Viel Glück! Ihr Stefan Heym."

Noch war Ferienzeit. In Berlin streuten Verbandsfunktionäre aus, eine Nachauflage von „Es geht seinen Gang" sei genehmigt, sie wollten gewiß Öl auf die

Wogen gießen. Er glaubte kein Wort. Jetzt handelte er wie Werner Heiduczek mit seinen Denkschriften an den Hochkommissar und ans SED-Politbüro, er wollte präzisieren, dokumentieren. Sein Adressat war das Präsidium des Schriftstellerverbands. Auf drei Seiten schilderte er die Entwicklung und setzte hinzu:

„Dieser Eingriff verlief lautlos für die Öffentlichkeit – zunächst – und tödlich für das Opfer. Inwieweit sich einige Kulturfunktionäre dagegen gewehrt haben, kann ich nicht beurteilen, jedenfalls blieben sie glücklos: Höpcke, Dr. Günther, Kant, Nowotny. Offensichtlich vermochten sie dem mächtigen vierten Zensor nicht darzulegen, daß seine Interessen mit den Notwendigkeiten eines gedeihlichen Literaturbetriebs kollidieren und daß für die Öffentlichkeitsarbeit der DDR-Literatur im Ausland, zunächst in der BRD, eine Klippe aufgetürmt worden ist. Die ersten Kritiker in der BRD spendeten Lob. Sie wußten nichts vom Auflagenstop und würdigten das Buch ohne diesen Aspekt. Sogar meine abstruse Vergangenheit, meine sieben Zuchthausjahre in Bautzen, erschienen so ausmünzbar: Dieser Mann darf wieder schreiben, und so schreibt er. Das Buch hätte in diesem Sinn für die DDR-Literatur werben können: Siehe da, so geht ein Schriftsteller an die Probleme seines Landes heran, und er darf es. Nun steht alles auf dem Kopf. Der Teil der bundesdeutschen Massenmedien wird sich einmischen, der immer wach ist, wenn bei uns Differenzen klaffen, er wird mich bemitleiden und als Trumpfkarte ausspielen: Es knistert wieder einmal im DDR-Literaturgebälk. Vielleicht werden sogar die, die das Verbot initiierten, nun den Finger heben und eilig melden: Seht her, Loest driftet zum Klassenfeind. Deshalb betone ich, daß ich diese Entwicklung nicht gewollt, begonnen und gefördert habe, und ich begehre, nicht schuld daran zu sein. Die Frage drängt vor: Was ist eine Druckgenehmigung noch wert? Ich kann nur beklagen, und fragen darf ich: Was vermag der Verband?"

Hermann Kant rief sofort an. Er war blutneu in seiner Funktion, sie klang stolz: Präsident, er war Nachfolger der weltberühmten Anna Seghers und wollte am Tisch der Mächtigen seinen Platz bestimmen. Wie rasch er dabei aufs Kreuz krachte, wird diese Erzählung zeigen. Die Wanze war dabei, als Hermann Kant und L., (OPK „Autor"), am Abend des 23. August 1978 miteinander telefonierten.

„*K.*: Kollege Loest, ich habe den Brief, den Sie ans Präsidium gerichtet haben, gesehen, wenn auch noch nicht den Durchschlag, den Sie mir zugedacht haben. Es steht wohl in beiden dasselbe, und ich will doch zumindest im voraus eine Telefon-Reaktion darauf zeigen.

L.: Ja!

K.: Also passen Sie einmal auf. Erstens verstehe ich voll und ganz Ihre Ungeduld, wenngleich ich nicht alle Zeichen Ihrer Ungeduld so ganz billigen kann. Aber das ist eine Frage, die ist nicht ganz so wichtig. Zweitens hatte ich Ihnen geschrieben, daß ich mich um die Sache kümmere, und zwar hatte ich geschrieben seinerzeit, wo ich nicht so furchtbar voll da war. Ich habe ein paar Wochen im Krankenhaus zugebracht. Ich habe es ganz gern, daß ich die Dinge, um die ich mich kümmere, sehr genau kenne – wenn es sich um Bücher handelt, lese ich sie erst. Das habe ich getan. Dazu ist zu sagen, daß ich Ihr Buch gut finde, und daß ich mich für dieses Buch, als ein Buch der DDR-Literatur, verwendet habe und verwende. Drittens sind die Stellen, die nun idiotische oder uneinsehbare oder wie immer Sie es bezeichnen wollen Vorstellungen von den Änderungen eines vorliegenden Buches haben, sind manchmal mit saftigen oder nicht so saftigen Gründen – aber manchmal sind sie nicht ganz so zu haben, nicht ganz zu erreichen. Wir haben Sommer. So, das heißt mit einem Wort, es hat sich das, was ich Ihnen versprochen habe und was ich getan habe und was ich unter anderem in mehreren, ich wiederhole in mehreren Sitzungen und Besprechungen, Telefonaten und Briefen ausgedrückt habe – es hat sich alles über diese letzten Wochen hingezogen, nachdem ich wieder auf freiem Fuß aus dem Krankenhaus bin. Es ist noch nicht an dem Ende, das uns alle befriedigt. Ich möchte Sie wirklich ganz herzlich bitten, Ihre Ungeduld ein bißchen zu zügeln. Ich selbst bin ja Autor eines Buches, das etwas länger gebraucht hat, und ich weiß, wie wenig Ungeduld da hilft. Aber Sie können sich darauf verlassen, daß Sie in mir und anderen Kollegen jemand haben, der sich darum kümmert. Und deswegen möchte ich Sie ganz herzlich bitten, also sagen wir einmal, diese leisen Drohgebärden doch noch zu lassen, damit können Sie immer noch kommen, wenn Ihnen das nicht behagt. Ich stehe voll auf Ihrer Seite, wenn es sich darum handelt, dem Verlag zu sagen, und das habe ich dem schon mitgeteilt, daß man natürlich nicht erst ein Buch nehmen, drucken, verbreiten kann, um es dann plötzlich ändern zu wollen. Das ist ja alles Blödsinn, das kann überhaupt nicht in Frage kommen. Aber Sie machen es sich und mir, ich will das nur auf uns beide beschränken, nicht leicht mit solchen postalischen Vorgängen, in denen dann nicht so ganz, wie ich finde, passende Vergleiche mit Fallada und den Nazis und solchen Dingen... Das hat wenig Sinn. Da kommt nämlich früher oder später jemand auf den Trichter und erzählt mir: Siehst du, was das für Leute sind, wegen denen du dich hier so einsetzt.

L.: Aha, ich kann mir das schon vorstellen. Sehen Sie, als ich diesen Brief schrieb... Inzwischen habe ich vom Mitteldeutschen Verlag alle Rechte zurück. Ich habe von Ihnen nichts mehr gehört, und Günther hat mir gesagt: Es ist sehr schwierig, es ist sehr geringe Hoffnung. Ich wollte für mich einen Schlußstrich ziehen.

K.: Ja, das war übereilt. Denn Bücher – das geht alles nicht so fix, und wo Verwaltungen drin hängen, geht es noch viel weniger fix. Halten Sie noch einen Augenblick die Puste an.

L.: Ich habe inzwischen eine Einladung zu Klaus Höpcke für den ersten neunten.

K.: Ja, der zum Beispiel war in der Mongolei, also kommt manches zu manchem.

L.: Also, ich mache gar nichts mehr und fühle mich durch Ihren Anruf getröstet und gestärkt – darf ich das?

K.: Ja!

L.: Ich will mal sehen, was Klaus Höpcke mir erzählt.

K.: Genau, in Ordnung.

L.: Machen wir es so.

K.: Gut – einen schönen Abend noch.

L.: Ich danke Ihnen für den Anruf – auf Wiedersehen."

Zwei Tage später löste das MfS eine neue Alarmstufe aus. Bislang war L. mit erheblichem Aufwand beobachtet worden, jetzt sollten Taten folgen. Auf neun Seiten legte die Behörde ihren Operativplan fest. Aufgrund seiner „feindlichen Grundeinstellung" sollten Maßnahmen zur Unterbindung seines Zusammenwirkens „mit äußeren feindlichen Kräften ergriffen werden." In die neue Wohnung, ein Umzug stand bevor, sollte eine Wanze eingebaut und das Telefon weiterhin abgehört werden. Die Spitzelschar verstärkte GMS „Verleger" aus Leipzig; sein Name wurde noch nicht bekannt. Einfluß auf „Neue Deutsche Literatur", „Sonntag" und „Leipziger Volkszeitung", Rundfunk und Fernsehen war zu nehmen, um „geplante Veröffentlichungen des Loest mit feindlich-negativer Aussage zu unterbinden und den Umfang auch vertretbarer Publikationen zu reduzieren." Funktionäre im Schriftstellerverband, im Rat für Kultur und der 1. Bezirkssekretär der SED, Horst Schumann, sollten Erstinformationen erhalten. Zu analysieren war, „inwieweit abwertende Urteile Heyms über die literarischen Qualitäten des Loest bekannt werden und durch gezielte Indiskretionen verbreitet werden könnten." Heiduczek sollte „durch gezielte Indiskretionen" in L.s Augen als „Zuträger der Partei und staatlicher Organe" hingestellt werden und so fort. „Über die Kinder Loests sind umfassende Aufklärungsmaßnahmen einzuleiten, um weitere Ansatzpunkte zur Herbeiführung von privaten Konfliktsituationen zu erarbeiten." Wie waren die Kontakte zu Mattheuer, Peter Gosse und Gerti Tetzner? Vorliegendes belastendes Material über Ingeborg Schröder, Frau des Hauptangeklagten von 1957, Ralf Schröder, sollte überprüft werden, „inwieweit die Möglichkeit einer Werbung der Sch. unter Druck gegeben ist." Die Verbindungen zu Zwerenz waren weiterhin aufzuklären, gleiches galt für Karl Corino.

Das Perfideste: Eine zuverlässige, geheimdienstversierte Frau sollte gewonnen werden, um Annelies in gespielt tiefstem Mitgefühl zu informieren, ihr Mann habe eine Geliebte. Das sollte in der neuen Wohnung geschehen, damit die Wanze weitermeldete, wie das Bubenstück funktionierte und Annelies reagierte. Dazu kam es nicht, eine Intrigantin dieses Formats wurde wohl nicht gefunden.

Das Kesseltreiben konnte beginnen.

Am 1. September 1978 betrat er das Büro seines Ministers, es lag in einem alten Haus nicht weit von der Prachtstraße „Unter den Linden", und er wunderte sich über den bescheidenen Zuschnitt. Nachdem Höpcke Kaffee angeboten hatte, fragte er, ob Loest vorhabe, ein sozialistischer Schriftsteller zu bleiben, oder ob er auf den schwankenden Wellen des Ost-West-Konflikts zu schaukeln gedächte. L. antwortete, er möchte gern als sozialistischer Schriftsteller arbeiten, wenn ihm das irgend ermöglicht würde, finde aber diesen Gesprächsbeginn nicht sonderlich freundlich, denn er frage Höpcke ja auch nicht, ob er ein sozialistischer Minister bleiben wolle. Höpcke zeigte keine Wirkung. Loest habe in seinem Brief an Günther die DDR mit den Nazis gleichgestellt – habe er nicht, erwiderte L., und wenn es so geklungen habe, wolle er es zurücknehmen. Überhaupt, meinte der Minister, habe Loest Günther gekränkt, schlecht behandelt. Sein Verleger habe ihn auch schlecht behandelt, wendete L. ein, und schließlich sei ja wohl zu verstehen, daß ein Schriftsteller aus der Haut fahre, wenn man sein Buch... Aber die Hauptsache sei ja, fragte L. nun direkt, was mit seinem Roman werde. Strittmatter sei vom Verband informiert worden, das Verbot sei aufgehoben – was sei Wahres dran? Da habe man Strittmatter wohl mehr das Ziel als den gegenwärtigen Stand mitgeteilt. In der Tat würden allerlei Anstrengungen unternommen, das Schiff flott zu kriegen. Ob Loest denn wieder mit dem Mitteldeutschen Verlag zusammenarbeiten wolle? Das würde er schon, antwortete L., aber wie würde der von ihm so rüde behandelte Dr. Günther reagieren? Wer sollte den ersten Schritt tun? Das werde sich finden, wenn erst einmal grünes Licht gegeben sei.

Aber da belaste noch ein Problem; Höpckes Miene und Tonfall klangen besorgt. Vom Büro für Urheberrechte habe er gehört, Loest wolle einige Geschichten, in der DDR ungedruckt, im Westen herausgeben? In der Tat habe er um Genehmigung nachgesucht, antwortete L., und wie die Dinge lägen, sei er sicher, daß alles glatt ablaufe. Er hoffe doch, so Höpcke, daß Loest nicht gegen Gesetze verstoßen werde? Nein, versicherte L., dazu habe er viel zu viel Angst. Die, meinte Höpcke nachsichtig, sei nicht der beste Ratgeber, er hoffe viel mehr auf Einsicht. Zum Schluß fragte L., wann es denn mit seinem Roman weitergehen werde. In der Stimme des Ministers lag ein kleines Zögern, als er antwortete: Innerhalb von zwei Wochen dürfte die Entscheidung fallen.

Wieder Warten. Wieder Gerüchte. Die Arbeit, wechselweise am Karl-May-Roman oder am Lebensbericht, ging voran. Alles zusammen zermürbte – er spürte es an seinem schwächsten Körperteil, dem Magen, und behalf sich mit Rollkur und Pfefferminztee. Die verschlissenen Teile bis in den Darm hinunter waren ihm bald nach der Haftentlassung gemäß der Methode des Wiener Arztes Billroth herausgeschnitten worden, dennoch blieben Angriffsflächen. Er versuchte, sich zu einer Verachtung zu erziehen, die hart genug war, es mit der akkumulierten Torheit der SED-Führung aufzunehmen. Weder die Nazizeit mit Hitlerjugend und Armee noch der leninistische Staat DDR hatten Selbständigkeit im Denken und Tun sprießen lassen, Ausbrüche zwischen 1953 und 1957 waren konsequent erstickt worden. Jetzt keinen Millimeter zurück! Er erinnerte sich an seine beiden letzten Haftjahre, als er, wenn ein Wachtmeister laut wurde, sofort in dieselbe Tonhöhe und -stärke verfiel. Wenn einer brüllte, brüllte er zurück. Das ließ er nie über ein kalkuliertes Maß hinausgehen und ihn in Arrestgefahr bringen. Wo lag jetzt die Grenze, hinter der die Gitter drohten? Vermutlich gab einer schon nach, der nach dieser Grenze fragte.

Trank er? Niemals während der Arbeit. Wenn Besuch eintrat, war die erste Frage: Bier oder Wein oder was? Ein Gespräch ohne Gläser auf dem Tisch schien undenkbar. Gegen 18 Uhr meldete sich regelmäßig das Teufelchen und lockte. Zaghafte Abwehr: Es wird auch mal ohne gehen, du bist doch nicht so abhängig, daß du jeden Abend... Aber eine Stunde später war der Widerstand gewöhnlich erloschen – ach was, drei, vier Flaschen Bier, eine Flasche Wein, von der Annelies ein oder zwei Gläser mittrank, so wurde es zur Regel. Manchmal war der Kopf am nächsten Morgen dumpf, doch das war bis zum Abend vergessen. Ihm war klar, daß es so nicht weitergehen und sich der Verbrauch vor allem nicht steigern durfte. Mit dem Rauchen hatte er nach dem Knast nicht wieder begonnen. Wenigstens rauche ich nicht, betete er sich vor, und irgendwann, bald, ist diese Anspannung vorbei. Es wird gut gehen mit dem gelben Buch. Um ihn waren diese anderen, die mehr und viel mehr tranken. Der Chronist des Jahres 2002 erinnert sich ihrer Namen. Alle sind tot.

Zwei Schriftsteller nahm er sich zum Vorbild, Stefan Heym und Franz Fühmann. Nach kruden Irrwegen von der SA über Kriegsgefangenschaft, Antifa-Schule und Funktionärsarbeit in der Partei der umgeschulten Nazis hatte sich Fühmann durchgerungen, das Naturrecht des Schriftstellers auf Veröffentlichung über die Gesetze der DDR zu stellen. Dabei blieb er bis zu seinem Tod, ungebrochen und ohne das geringste Schwanken. Diese Anekdote ging um: An einem Geburtstag Heyms überbrachte Höpcke die Gratulation der Regierung: Gesundheit und fabelhafte neue Bücher! Außerdem, fügte der Minister heiter an, wünsche er sich, daß der Geehrte künftig die Gesetze der DDR freundlichst einhalten möge. Da aber sprach Heym, und vermutlich wirkte er dabei noch goetheähnlicher als gewöhnlich: Herr Höpcke, ich war schon ein Weltautor, da gab es die DDR noch gar nicht! Und ich werde auch weiterhin alles, was ich zu äußern für wichtig erachte, dort aussprechen, wo und wann ich es will.

Nicht feiger sein als Heym und Fühmann! Du bist über fünfzig und kannst nicht ewig auf bessere Zeiten hoffen. Wenn du in die Knie gehst, auf „Gang" und deine Memoiren verzichtest und wirklich einen „schönen Liebesroman" schreibst, wirst du zum Säufer und verdienst es, zum Säufer zu werden. Nie wieder Hans Walldorf! Unter diesem Pseudonym hatte er nach der Entlassung aus dem Zuchthaus Kriminalromane und -geschichten geschrieben, es war keine schlechte Zeit mit respektablen Einkünften gewesen. Ein Rückzug auf diese Basis – nie!

Einmal lud er seinen Sohn Thomas und jenen sogenannten Freund, der für Markus Wolf spähte, zum abend-
lichen Skat. Auf Prahlerei bedacht, stellte er alle achtzehn
Flaschen Rotwein, die er besaß, der Reihe nach auf, die
schweren zuerst, „Erlauer Stierblut", danach die gemäßig-
ten „Trnaka", an den Schluß Landweine aus Algerien. Am
nächsten Morgen waren alle Flaschen leer.

Im „Norddeutschen Rundfunk" sagte Wolfgang
Werth: „„Statt des von Brecht doch wohl erhofften
Beweises, daß auch die Ebenen überwindbar sein würden, lieferten sie schon bald die Bestätigung des Befürch-
teten: der Zukunftsstaat DDR etablierte sich unverrück-
bar in der Ebene und erklärte all jene sozialistischen Ide-
alisten zu Feinden, die sich damit nicht abfinden moch-
ten. Zu ihnen gehörte auch Erich Loest."

Manfred Jäger, der in der DDR aufgewachsen war
und mit Helga Nowak, Klaus Höpcke, Heinz Klunker
und Reiner Kunze in Leipzig Journalistik studiert hatte,
urteilte im „Deutschen Allgemeinen Sonntagsblatt: „Der
Roman ist konzipiert als Gegenbild zu dem lügnerisch
geschönten, retuschierten offiziellen Gemälde, das die
Medien täglich aufs neue ausmalen. Loest macht die
wirkliche DDR erlebbar. Er ist ein naiver, ganz unphilo-
sophischer Erzähler, er verheddert sich nicht in Abstrakt-
heiten. Langweilige weltanschauliche Schaukämpfe von
Sprachrohr-Figuren finden bei ihm nicht statt. Man kann
durch seinen Text hindurch das Land fühlen, riechen und
schmecken, weil er einen genauen Blick für Details hat
und doch nicht in die Beliebigkeit von bloßen Aufzäh-
lungen abgleitet. Loest weiß, wie und was die Leute in
den Betrieben und Kneipen reden. Seine Melancholie ist
menschenfreundlich, seine Empfindsamkeit durch nüch-

terne Welterkenntnis standfest gemacht. Sein sächsischer Mutterwitz schlägt oft durch."

Er verhielt sich still, obschon er jeden Tag gierig in den Briefkasten schaute. Höpcke hatte eine Frist von zwei Wochen angegeben, die war natürlich abzuwarten. Drei Wochen nach dem Besuch im Ministerium für Kultur schrieb er an Wolfgang Schreyer und schickte Durchschläge an Klaus Schlesinger, Armin Müller und Christa Wolf: „Höpcke wollte mir innerhalb von zwei Wochen Bescheid geben. Diesen Termin überschritt er. Am 17. 9. traf ich ihn auf dem großen Reclam-Fest in Leipzig, da sagte er mir, er brauche noch einige Tage. Nun warte ich wieder. Höpcke hat im Literaturinstitut verkündet, eine zweite Auflage erscheine im Mitteldeutschen Verlag vielleicht noch dieses, spätestens Anfang nächsten Jahres. Und in Berlin meint jeder, alles sei wieder in Butter. Kommt eine zweite Auflage – gut. Kommt sie nicht, wird es eine weitere Runde geben. Manche Kollegen wollen dann eine Diskussion im Vorstand erwirken. Beste Grüße von Glashaus zu Glashaus."

An den Minister schrieb er Ende September: „Ist es vielleicht so, daß Sie mit Ihrer Absicht nicht durchgekommen sind? Aber dann sollten Sie die Angelegenheit nicht auf die lange Bank schieben. Meine Nerven sind nicht mehr die Besten, und es reizt mich nicht, Gegenstand vieler verschiedenartiger Gerüchte zu sein."

Bislang hatte er sich an die Forderung gehalten, strittige Dinge im eigenen Haus zu klären, sich nicht westlichen Presseorganen anzuvertrauen. Selbst die Deutsche Verlags-Anstalt hatte er nur in groben Zügen informiert, von dort war allerdings zu seiner Enttäuschen nicht die geringste Reaktion erfolgt – kein Anruf, kein Brief, nicht das Angebot eines Treffens in Berlin, um weitere Schritte abzusprechen. Nun verstieß er gegen die Spielregeln, er gab einem Westler ein Interview. Damit überschritt er den Rubikon noch nicht, tastete aber mit einem Fuß nach dem anderen Ufer. Professor Heinrich Mohr aus Osnabrück besuchte ihn und schrieb für das „Deutschland Archiv" in Köln:

„Ein Zimmer mit einem wunderschönen Kachelofen, der nicht mehr heizt, vor dem Fenster hält quietschend alle paar Minuten ein Bus. Autokrach. In einer großen Altbauwohnung lebt ein Schriftsteller, von dem seit einem halben Jahr mehr als vorher nun auch in der Bundesrepublik geredet wird, Autor von 24 Büchern und jüngst von einem potentiellen Bestseller.

Mohr: Im Mai lasen Sie aus Ihrem Buch in Holland und im Norden der Bundesrepublik, Sie fanden erstaunlichen Anklang. Die Auflage in der DDR war im Nu ausverkauft, auf Basaren rissen die Leute Ihnen die Bücher aus den Händen. Was ist nun?

Loest: Anfang Mai wurde das Buch ausgeliefert, sechs Wochen lang war alles eitel Wonne. Am 19. Juni teilte mir aber mein Verleger mit, daß die Nachauflagen gestrichen seien. Das ist der dunkelste Punkt bei der ganzen Geschichte. Wenn da ein einflußreicher Politiker sagte: Das Buch ist nicht nützlich für uns, es enthält Fehler, stellt Dinge auf den Kopf, paßt nicht in unsere Landschaft aus diesem oder jenem Grund – dann könnte ich einsehen oder nicht, ich könnte mich wehren, könnte debattieren und Verbündete suchen. So überfällt mich das Stoppzeichen aus dem absoluten Dunkel.

Mohr: Wie bei Kafka. Eine Maschinerie macht sich selbständig und überrollte Sie und Ihr Buch.

Loest: Das Buch schon. Auch mich? Ich muß aufpassen, daß ich nicht unsicher werde. Ich darf mir meinen Blick auf die Umwelt nicht verstellen lassen. Wenn ich jetzt danach fragte, wie ich ein Buch anlegen müßte, dessen Nachauflagen nicht verboten werden, könnte ich gleich einpacken. Ich kenne Fürsprecher, dazu gehört Hermann Kant. Aber nun sind Monate verstrichen, im ersten Anlauf ist er nicht durchgekommen, und vielleicht hat sich die Lage zementiert.

Mohr: Denken Sie an ‚Christa T.‘ von Christa Wolf. Erst ging es diesem Buch nicht besser als Ihrem, dann wurde es außerhalb Ihres Staates zu einem großen Erfolg, und jetzt gehört es, so Politbüromitglied Kurt Hager, zum unverzichtbaren Bestandteil der DDR-Literatur.

Loest: Darüber verstrich so mancher Winter. Unser Leitspruch in Bautzen war: Wir haben Warten gelernt. Hoffentlich hab’ ich ’s wirklich.

Mohr: Erich Loest, kommen Sie gut durch jeglichen Winter. “

Kein Abend mit Freunden, an dem er nicht haarklein beklagte, welcher Tort ihm gerade wieder angetan worden war, welche Deutung diese und jene Äußerung, da und dort gefallen, zuließ. Ihm fehlte jedes Gefühl, daß etwa jemand denken könnte: Der Erich bildet sich wirklich ein, er und sein Büchlein seien der Mittelpunkt der Welt. Die offizielle DDR jubelte, denn mit Oberstleutnant Siegmund Jähn brach *der erste Deutsche* zu einem Flug ins Weltall auf. Ha, höhnten die Mäkler, plötzlich gibt es wieder einen *Deutschen*, während uns jahrelang vorgebetet worden ist, nichts Gemeinsames lebe mehr in beiden deutschen

Staaten. Kabarettspaß: Der Deutsche Schäferhund der DDR.

In den letzten Jahren war er nach der Sommerflaute zu so vielen Lesungen geladen worden, daß er die Hälfte absagen mußte. In diesem Herbst wurde es still um ihn. Denn, das erfuhr er hintenherum, in einer zentralen Besprechung der Bibliothekare des Bezirks Leipzig war „leitungsseitig" festgestellt worden, „Es geht seinen Gang" wie auch „Tod am Meer" gehörten nicht zu den zu fördernden Büchern.

Eines Nachmittags saß eine aufgeregte Frau bei ihm, Lehrerin, Genossin. In einem Redeschwall verwünschte sie sich, daß sie gekommen war. Ihr Mann habe abgeraten, aber sie *müsse* etwas los werden, und wenn Herr Loest auch nur eine Silbe weitererzählen würde – nicht auszudenken! Und sie berichtete, sich dabei immerzu selbst unterbrechend, daß ihre Kollegen und sie vorgehabt hätten, ihn zu einer Lesung aus seinem neuen Roman zu bitten, doch ein Instrukteur der SED-Kreisleitung habe es untersagt. Da sei es zu heftigen Debatten gekommen, das Buch sei doch in einem DDR-Verlag erschienen, nichts Feindliches stehe drin, alles entspreche der Wahrheit, aber der Instrukteur sei hart geblieben: Anweisung der Kreisleitung, basta! Und das, so die Frau, *müsse* sie ihm einfach mitteilen, wenn sie sich nicht feig vorkommen wolle, sie könne sowieso schon seit drei Nächten nicht schlafen. Und er möge sie um Gottes willen nicht verraten. Plötzlich, todernst: „Herr Loest, ich stehe zu meinem Wort!" Er habe so viel auf sich genommen, nun wolle auch sie etwas wagen, und wenn sie aus der Schule geschmissen würde...

Mal langsam, mahnte er und erinnerte sich, wie er am Main, fern der DDR, so manche Lippe riskiert hatte. Würde die Lehrerin, heimgekehrt in ihr Dorf zu Mann und Kind, nicht bereuen, was eben aus ihr herausgebrochen war? Wie wäre denn dieser Kompromiß, schlug er vor, wenn ich Ihre Schule und diesen Vorgang erwähne, vielleicht in einem Brief an die Bezirksleitung, aber Ihren Namen verschweige und auch bei Anfragen nicht mit ihm herausrücke? Sofort, erschrocken über ihre Tapferkeit, erklärte sie sich einverstanden.

Er schrieb an den Sekretär für Kultur der Bezirksleitung der SED: „Lieber Herr Dr. Keller, zu verschiedenen demütigenden und quälenden Vorgängen des letzten Halbjahres kommt in der letzten Zeit einiges hinzu, das ich Ihnen vortragen möchte. Es geschieht, daß ich zu Lesungen eingeladen und kurzfristig wieder ausgeladen werde. Die Begründungen sind meist fadenscheinig. Das geschah durch die Kreisbibliothek Schmölln, die Oberschule Zwotau, die Bibliothek in Gräfenhainichen und die Oberschule in Rückmarsdorf. Zum ersten Mal erfahre ich Hintergründe. Die Oberschule in Schenkenberg hatte mich zu einer Lesung aus ‚Es geht seinen Gang' eingeladen. Nun teilten mir Vertreter dieser Schule mit, daß ihnen durch die Kreisleitung der SED diese Veranstaltung verboten worden sei. Lieber Herr Dr. Keller, ich wüßte gern, was Sie davon halten. Zusätzliche literarische Zensur durch die Kreisleitung Delitzsch? Ich wäre Ihnen dankbar, wollten Sie dafür sorgen, daß diese geplante Veranstaltung möglichst bald stattfinden kann."

Zwei Tage darauf rief Dr. Keller an. Höflich bat er, ihm zu glauben, daß er in diesem Fall mit L. absolut derselben Meinung sei. Er werde alles in die Wege leiten, damit die Lesung nachgeholt werde und sich ähnliches nicht wiederhole. L. bedankte sich – sie verabschiedeten sich mit den besten Wünschen fürs gegenseitige Wohlergehen. Überflüssig zu erwähnen, daß jedes Wort Kellers folgenlos blieb.

Im Oktober 1990 fand sich Gelegenheit zu fein abgeschmeckter Rache. Keller war unterdessen Bundestagsabgeordneter der PDS; L., der in Bonn wohnte, wurde zu einem Abendessen mit den frischen Parlamentariern der neuen Länder auf den Petersberg geladen. „Aber ich kann da nicht hin"; wetterte er in der FAZ, „ich muß dem Oberbürgermeister absagen, der Bissen würde mir im Hals stecken bleiben, denn einer wird dabei sein und womöglich an meinem Tisch plaziert werden, damit Landsleute unter sich seien: Dr. Dietmar Keller. Einst war dieser Mann Sekretär für Kultur der Bezirksleitung Leipzig der SED, und in dieser Funktion hatte er straffen Anteil daran, daß ich aus dem Schriftstellerverband der DDR und schließlich in die Emigration getrieben wurde. Dr. Keller befleißigte sich dabei als Zuträger für den Stasi-General Hummitzsch, an ihn schickte er Berichte über Werner Heiduczek und mich. Ein Stasi-Informant erhebt mit mir das Glas auf ein demokratisches Deutschland?"

Einige Tage nach dem Telefonat mit Keller saß die Leiterin jener Schule in der Oststraße, erregt und hochroten Gesichts. Von wem er denn erfahren habe, daß die Lesung verboten worden sei, verboten sei überhaupt nicht der richtige Ausdruck, jener Instrukteur habe *höchs*tens gesagt, daß er es *seltsam* fände, wenn aus diesem Buch gelesen würde, er halte es nämlich *für nicht besonders gut*. Weiter sei überhaupt nichts vorgefallen –

und von wem habe Herr Loest das alles erfahren? Übrigens sei es in der nächsten Zeit schwierig, eine Lesung zu veranstalten, denn bald seien Ferien, etliche Lehrer seien krank, und das Lehrerzimmer, der einzige große Raum, werde vorgerichtet. Und von wem habe Herr Loest von dem sogenannten Verbot, das eigentlich gar keines gewesen sei, gehört?

Er ließ den Schwall über sich ergehen und genoß ihn. Dann erwiderte er, und Erstaunen ließ die Augen der Schulleiterin groß und rund und starr werden: Von einem Vertreter des Zentralkomitees, von einem Instrukteur Ihres Genossen Kurt Hager. Sie denke doch nicht etwa, etwas so Wichtiges geschehe in unserer demokratischen Republik hinter dem Rücken des Hauptbeteiligten?

Die Dame verabschiedete sich verwirrt.

Da eröffnete er zu allem Überfluß einen Streit auf einem Nebenplatz. Immerhin, es ging um eine Menge Geld, aber das war nicht das Entscheidende. Er wollte recht behalten, recht bekommen, und so zog er jenen Brief aus heiteren Maitagen ans Licht, in dem der Mitteldeutsche Verlag eine Nachauflage seines Romans in der stattlichen Höhe von 22 000 Stück versprochen hatte. So schrieb er an den Ökonomischen Leiter des Verlags, am 30. September sei das Honorar dafür fällig, und da er wegen eines Hauskaufs Verpflichtungen habe, sei er an pünktlicher Zahlung interessiert.

Hauskauf – eine wacklige Sache. Seit langem hatte er bei verschiedenen Stellen auf seine schlechte Wohnlage hingewiesen, auf die Hinfälligkeit des Mietshauses, um dessen Erhalt wie üblich in der DDR sich keiner kümmerte, den Krach, den Dreck – darüber verstrichen Jahre. Nun hatte ihm die Stadt angeboten, ein kleines Haus in einer Siedlung zu kaufen, dessen Besitzerin, eine ältere Dame, eine Neubauwohnung in einer Plattensiedlung erhalten sollte. Mit ihr war er sich über den Preis einig, sie aber wartete seit Monaten auf eine Zuweisung. Allmählich erkannte er immer genauer die Schattenseiten des dünnwandigen Hauses, in das viel Mühe hineingesteckt werden müßte, und zu seinen Fähigkeiten gehörte es keineswegs, mit Handwerkern, Materiallieferanten und Behörden in einer Mangel- und Beziehungswirtschaft umzugehen.

Irgendwann verlief die Sache im Sand. In seinen MfS-Akten fand er später einen aufwendig durch Fotos und Skizzen dokumentierten Vorgang. Die Stasi hielt die Lage „des Objekts" für optimal. Alle Zugangswege konnten eingesehen werden, in der Nachbarschaft wohnten wachbereite Genossen. In einem Häuschen gegenüber könnte ohne Schwierigkeiten eine konspirative Wohnung eingerichtet werden; mit dem Inhaber hatte das MfS schon gesprochen. Aber nicht jedes Rädchen griff ins andere.

Der Mitteldeutsche Verlag antwortete prompt und deutlich. Herr Loest habe die Rechte an „Es geht seinen Gang" wunschgemäß zurückerhalten und alle Angebote abgelehnt, anstelle einer zweiten Auflage einen anderen Titel zu edieren. „Wir können deshalb auf Ihre Forderungen nicht eingehen". Freundlich grüßte der Ökonomische Leiter.

Das verwunderte L. nicht, und er regte sich nicht sonderlich auf. Postwendend schickte er alle Unterlagen an die Rechtsstelle des Schriftstellerverbands und hörte von dort, seine Lage sei nicht übel, man werde sich kümmern. Er entsann sich des Satzes, den er an Günther geschrieben hatte: „Diese Auflage erscheint, oder Du wirst sie mir bezahlen." Keiner steht gern als Maulheld da.

8. Kapitel

Rubikon

Den Antrag, zur Buchmesse nach Frankfurt am Main fahren zu dürfen, hatte er seit langem gestellt, das Visum traf in letzter Minute ein; er hatte schon nicht mehr damit gerechnet. Abermals durchbrach er die Schallmauer ins Weite, Lockende und Verwirrende. Zum ersten Mal zur Frankfurter Buchmesse, der größten der Welt!

Am Stand der Deutschen Verlags-Anstalt begegnete er unbekannten Gesichtern. Eberhard Böckel hatte den Verlag in Richtung Hamburg verlassen, auf fast allen Stühlen saßen Neue. Irgend jemand hatte ihm die Organisierung einer Lesereise zugesichert – nichts war geschehen. Sofort nach dem Verbot einer zweiten Auflage und der Rückgabe aller Rechte hatte er die DVA informiert. Es hieß doch immer: Wenn jemand in der DDR in die Bredouille gerät, werden die Westmenschen munter! Tja, man sei im Urlaub gewesen, eine Österreicherin habe Stallwache gehalten und, unkundig deutsch-deutscher Querelen, die Briefe falsch eingeschätzt. In diesem Herbst drängten viele bekannte Autoren mit neuen Titeln auf den Markt, da sei es schwierig, eine Buchhandlung für eine Lesung zu gewinnen.

Erwartungen sackten in sich zusammen. Er sah Stand hinter Stand, Bücher, Bücher, achtzigtausend Mal Hoffnung, sein Buch war eine davon. Überlebensgroße Fotos an den Kojen, nicht das bescheidenste Bildlein von ihm. Lesungen überall, er nicht dabei. Kostbar jeder Tag, den ihm die DDR freigegeben hatte, nun drohte einer nach dem anderen zu versickern. Bei der Vorstellung seiner Autoren, unter ihnen Kiesinger und Scholl-Latour, nannte der neue Manager, Ulrich Frank-Planitz, ihn als Letzten. Niemand hatte daran gedacht, von welchem Geld sich der Neuling wohl ein Brötchen kaufen könnte. Hätte die frischernannte Pressedame des Verlags ihn nicht unter ihre Fittiche genommen, hätte er sich bei seinem Freund draußen in Offenbach vergraben und allen Gram in sich hineingefressen.

Immerhin, Wolf Biermann schloß ihn im Gedränge in die Arme. Immerhin, gerade in Messetagen erschien in der „Frankfurter Rundschau" eine Kritik von Alexander v. Bormann: „Erich Loest gehört zu den wichtigsten Autoren in der DDR, und daß sein großer Roman in kürzester Zeit ausverkauft war, zeigt, daß sein Thema und sein Stil ihren Adressaten gefunden haben. Vermutlich ärgerte das die zensurierenden Instanzen: Wolfi ist nicht eben das Inbild eines klassenbewußten, sozialistischen Aktivpostens. Wülff ist sensibel: sprachliche Klischees und eingeschliffene Verhaltensformen werden registriert und mit Witz, Ironie, auch schon Hilflosigkeit gemeistert. Das ergibt eine Flapsigkeit in Stil und Auffassung, die wohltuend von der gegenwärtigen Gefühlswelle absticht."

Konnte doch noch eine Lesung in Tübingen eingefädelt werden? Winfried F. Schoeller baute seine Kamera am Stand der DVA auf und interviewte den östlichen Gast; was er aufnahm, würde auch in die DDR hinübergestrahlt werden. Da fühlte sich L. schon nicht mehr als der achtzigtausendste dieser Messe, sondern meinte, sein Buch sei unter die hundert hinaufgerutscht, von denen die Medien überhaupt Notiz nahmen.

„ZEIT"-Kritiker Fritz J. Raddatz: „Der Ingenieur Wülff ist ein Mann ohne Ehrgeiz – damit hat Loest keineswegs eine hochkomplizierte Romanfigur in der Tradition Musils geschaffen, sondern wieder einmal, gewiß unabsichtlich, vorgeführt, daß die DDR-Literatur eine Art Entlastungsfunktion für nicht stattfindende Öffentlichkeit hat." Ach, Raddatz, was Sie „unabsichtlich" nannten, plagte das Denken des Autors quälend absichtsvoll bei jeder Zeile.

Edles Abendessen mit einem der Verlagschefs und dabei ein tastendes Gespräch, wie's weitergehen sollte, denn die 3000 Exemplare aus Halle würden bald verkauft sein. Die Rechte lagen beim Autor – also was? Das eine oder andere Interview, in den Messeberichten etlicher Zeitungen tauchte der Titel seines Buches auf – so schlecht, wie anfangs befürchtet, lief es nicht. Erschöpft hielt er mit Zwerenz abschließenden Rat; der versicherte ihm: Junge, hast du Glück, wenn ich daran denke, wie ich mich jahrelang durchbeißen mußte. Du kommst her, und schon bringt dich Schoeller in seinem TTT.

Tübingen – vom Hotelzimmer aus blickte er auf Hölderlins Turm. Bei seiner Lesung saß in der ersten Reihe Carola Bloch, die Witwe des Philosophen. Hans Mayer – unterwegs zu Vorträgen in den USA. Später hat unser Sorgenkind oft zu ergründen versucht, wann es den entscheidenden Schritt getan hat, von dem aus es kein Zurück mehr gab und weiterlief bis zur Ausreise im März 1981. Andere Schriftsteller waren ja auch keine Lieblinge der Staatsmacht, erlaubten sich selbständige Schritte, bewahrten Haltung und fielen nicht auf Geheiß von oben Kollegen in den Rücken. So errangen sie sich Achtung und Selbstachtung und vielleicht sogar den

Respekt der Funktionäre; 1989 und danach blieben ihnen Häme und Scham erspart. Sie erhielten sich ihre Heimat und reisten dennoch durch die Mauer: Helga Schütz, Christa Wolf, Fühmann, de Bruyn, Plenzdorf – wo lag der Punkt, von dem aus L. nicht wieder ans heimische Ufer fand? Er sieht ihn an jenem Morgen, als er in Tübingen einen Vertrag unterschrieb, in dem er der Deutschen Verlags-Anstalt Stuttgart die Rechte an diesem Roman für die westliche Hemisphäre übertrug. Er fragte nicht das Urheberrechtsbüro der DDR und machte sich damit strafbar. Das hatte vor ihm Stefan Heym gewagt; kleine Geldbuße war ihm dafür auferlegt worden, aber die Zeiten sollten sich ändern. Doch an diesem Herbstmorgen des Jahres 1978 trat er seinem Lied nicht auf die Kehle. Wir wollen, bat er seine Partner, diese Sache hübsch für uns behalten, mein Vertragsexemplar deponiere ich bei Zwerenz, die DDR-Oberen werden sowieso zu gegebener Zeit Lunte riechen. Mal sehen, wie ich mich dann rausrede.

Vor Weihnachten druckte die DVA neu, wählte dickeres Papier und knallte den Ladenpreis von 19,2o fröhlich auf 28,– DM hoch. Noch war L. im Schwabenland, ein Schulfreund holte ihn ab und kutschierte ihn an den Bodensee, konnte sich nicht genug tun, ihn zu bewirten und zu beschenken – willst du, brauchst du, Erich, ein Hemd mit passendem Schlips und was außerdem? Die Sonne schien, und alles war gut.

Daheim stürzte er ab in den realsozialistischen Alltag. Wolfgang Schreyer, der Scharfsinnige mit der schmalen goldgeränderten Brille, schrieb von der Ostsee, wo er in Strandkörben und Cafes des Kulturbundbads Aarenshoop allerlei erlauschte: „Das von mir schon im Sommer

Befürchtete scheint eingetroffen zu sein. Verband und Ministerium haben sich nicht durchsetzen können gegenüber der vorgesetzten Parteiinstanz (ZK-Kulturabteilung, Büro Hager oder dem Rat der Götter selbst), wobei es unwichtig ist, ob die Autoritäten sich nicht gleich entschließen konnten oder ein taktisches Spiel trieben, um in elastischer Defensive (‚offensiv gewürzt‘, wie unser alter Geschichtslehrer pfiffig sagte) den ersten Impetus der kollegialen Solidarität abzufangen und auf erprobte Art gleichsam zu zerkrümeln. Während des Buchbasars meinten Sie, wir würden 50 Unterschriften zusammenkriegen. Ich bin unbedingt dafür, selbst wenn wir fürchten müssen, das Ziel, die zweite Auflage, wiederum nicht zu erreichen. Denn es geht ja nicht mehr allein um das Buch. Das Signal steht auf Halt, die Verantwortlichen können es im wohlverstandenen Eigeninteresse, das sich hier leider nicht mit dem gesellschaftlichen deckt, kaum noch auf freie Fahrt umstellen. Es würde sich also um eine im Luxemburgschen Sinne ‚sinnlose Demonstration‘ handeln von jener Art, die, wie sie schrieb, dennoch in den geistigen Gesamthaushalt als Beitrag zum Fortschritt eingeht.“

L. meinte, mit dem Vertrag von Tübingen erst einmal genug riskiert zu haben. Der Justitiar des Schriftstellerverbandes teilte ihm mit, seine Aussichten im Honorarzwist mit dem Mitteldeutschen Verlag würden immer besser. Hatte er wirklich an aufgeregten Sommertagen gemeint, fünfzig Schriftsteller sprängen dem Buch eines Kollegen massiv bei? Wenn er die Lage nüchtern betrachtete, würde sich eher ein halbes als ein volles Dutzend um ihn scharen. An Wolfgang Schreyer schrieb er: „Da bin ich nun heimgekehrt aus Bestseller-Country, wie der

Freund der schönen Künste, Berlins Parteisekretär Conny Naumann, den westlichen Nachbarn nennt. Ich könnte mit Wolfi Wülff stöhnen: Oh, dieser Dreck. Nichts Neues gibt es um diesen jungen Mann, und es wird nichts geben." Er bat zu überlegen, ob die Mächtigen nicht schon einen „feingewürzten Gegenplan" in der Tasche haben könnten, eine Unterschriftensammlung ins Leere laufen zu lassen. Neuauflage des Biermann-Krachs? Er zeigte Nerven.

Unterdessen, am 12. Oktober 1978, tagte der Vorstand des Schriftstellerverbandes. Ihm gehörten an die sechzig Autoren an. Was in diesen Sitzungen besprochen wurde, war selbstredend vertraulich. Auch wenn bloß die Hälfte der Mitglieder teilgenommen hätte, wäre es erstaunlich, daß nichts nach außen und vor allem kein Wort bis zu L. drang. Der Chronist hält es für bedauernswert, daß L. noch nicht einmal unter der Hand etwas erfuhr; es hätte ihn zuversichtlich gestimmt und von späteren barschen Unternehmungen abgehalten. „Es geht seinen Gang" hieß ein Debattepunkt. Der zugeladene Minister Höpcke verteidigte die Maßnahmen seines Hauses: Auflagenstop und Vorschlag von Änderungen. Da erhob sich Präsident Kant zum Schlußwort: „Ich will sehr persönlich werden. Und es tut mir leid, daß das unter anderem dazu führt, daß ich in einen, na ja doch, Widerspruch zu Klaus Höpcke gerate. Lieber Klaus, deine Loest-Art, die du hier vorgetragen hast, ist mir offengestanden so einseitig, daß ich sie nicht unwidersprochen lassen will. Ich habe eingangs betont, daß ich nicht finde, dies sei das größte aller Bücher, aber es ist inzwischen etwas anderes geworden. Es ist kein Buch mehr, es ist ein Vorgang. Wir haben die Prüfung zu bestehen, ob wir mit unbequemen Büchern zu leben vermögen. Ich wünsche uns allen, daß wir diese Prüfung bestehen, und wenn du deine Art, das Buch zu sehen, hier noch einmal prononciert vorgetragen hast, muß ich, so leid es mir tut, darauf verweisen, daß du dich damit in Widerspruch befindest zur Haltung des Präsidiums, das ja auch über dieses Buch geredet hat. Du wirst dich erinnern, daß dort über diesen Roman kein Jubel ausbrach, aber daß wir alle, dem hat niemand widersprochen, der Meinung waren, so etwas gehört zur DDR-Literatur. Wenn das in ihr nicht möglich ist, ist sie nicht möglich." So steht es im Protokoll.

Ein Satz nach Kants Art, derlei liebte und beherrschte er. Später wurde die Sentenz verfeinert und wie folgt kolportiert: „Es wird eine DDR-Literatur mit ,Es geht seinen Gang' geben, oder es wird sie nicht geben." Schade nur, daß Kants Erkenntnis in Pappe gemeißelt war.

Wenigstens eine Lesung war nicht abgesagt worden, vereinbart Monate vorher, sie sollte stattfinden im Physikalischen Institut der Leipziger Universität in einem Studentenclub, sechs Fußminuten von seiner Wohnung entfernt. Annelies war neugierig darauf, denn dort hatte sie in der Bibliothek gearbeitet und kannte so manchen. Drei Tage vor dem Termin klingelte einer der Studenten, mit dem die Lesung abgesprochen worden war, bei L. und bat ihn, er möge sich zehn Minuten vor Beginn an einem Seiteneingang einfinden, am Haupteingang sei Gedränge zu erwarten. Ihr macht's ja spannend, so der Autor, und der Student ergänzte, erst vor wenigen Tagen sei der Leitung des Instituts und der Uni ins Auge gesprungen, was da geplant sei. Der Wirbel sei irrsinnig. Man habe sie sonstwohin bestellt, für politisch blind erklärt und aufgefordert, die Lesung rückgängig zu machen, dann aber gemerkt, daß damit die Aufregung nur geschürt würde. Gewiß kämen auch einige, die dem Club nicht angehörten – nur ruhig Blut, mahnte der diskussionserfahrene Autor, wir werden mit all dem schon fertig werden.

Auf die Minute waren Annelies und er am vereinbarten Punkt. Im Halbdunkel wurden sie von stummen Gestalten erwartet. Unter Bündeln von Heizungsrohren wurden sie kreuz und quer gelotst, kamen in der Halle hinter dem Haupteingang heraus, dort herrschte Belagerung, denn draußen ballten sich Studenten, die hinein wollten, nicht zu schätzen, wie viele. Nur wer Karten habe, dürfe herein, wurde gerufen, der Raum sei schon überfüllt. Von draußen wurde gebrüllt, das sei *ihr* Club, welche säßen drin, die nicht dazu gehörten, die müßten hinaus und sie hinein. Annelies flüsterte, der da sei Professor, Genosse natürlich, und der gerade die Treppe hinunter komme, sei der Direktor, Nationalpreisträger und weltberühmt. Händeschütteln – lange nicht gesehen, Frau Loest. Die Kinder sind nun schon groß?

Im Clubraum war tatsächlich jeder Platz besetzt, sechzig bis achtzig harrten da, fast nur Männer, und etliche waren älter, als Studenten meist sind. Ein Vertreter der Clubleitung begrüßte, in seine Worte hinein hallte das Hämmern, Schreien von draußen, und der Gast fragte sich, ob er unter diesen Umständen überhaupt lesen sollte. Aber da kam ihm auch die Idee, daß es vielleicht einigen ganz recht wäre, striche er die Segel. War es eine Provokation gar, ihn zum Aufgeben zu bringen? Ein halbes Jahr später im Gohliser Schlößchen las Günter Kunert unter den gleichen Bedingungen seine Gedichte gegen Wummern und Brüllen an, auch da wurde nie geklärt, ob Fans oder Gegner den Aufruhr schürten.

Bot er die Szenen in der Schwimmhalle oder „Die Schlacht auf dem Leuschnerplatz"? Das Rumoren verebbte, die Truppe, die das Haus schützte, blieb Herr der Lage. Er las in Stille hinein, die atemlos genannt werden konnte, die er aber auch als bedrohlich empfand. Halbdunkel lag der Raum, so daß er, wenn er über die Brillengläser linste, auf den Gesichtern keine Regungen wahrnehmen konnte. Kälte griff nach ihm, der Drang wuchs, das Buch zuzuklappen und zu fragen: Soll ich überhaupt weiterlesen, oder was ist los? So war es Manfred Krug bei seinem letzten Auftritt in der DDR ergangen – ein Saal voller Leute, kein Mund hatte gelacht und keine Hand sich gerührt. Vieles hielt er für möglich außer körperlicher Gewalt; es war gut zwanzig Jahre her, daß ein Kampfgruppenkommando die Bühne der „Pfeffermühle" gestürmt, daß „Werktätige" den Jazz-Boten Reginald Rudorf vertrimmt hatten.

Nach einer Dreiviertelstunde war er zu Ende. Nach dem Zusammenhang der Szenen im Buch wurde gefragt, nach dem Anliegen des Ganzen. Die Studenten saßen stumm. Ältere führten die Debatte, es waren, so erfuhr er später, Assistenten und Doktoren aus anderen Disziplinen, Gesellschafts- und Kunstwissenschaftler. Neben ihren Stühlen standen Aktentaschen, man hatte die Genossen kurzfristig und mit parteilichen, wenn auch kargen Anweisungen hierher beordert. In dem, was sie gehört hatten, kamen Probleme zur Sprache, deren Behandlung nicht alltäglich war, sie mußten sich einhören, zurechtfinden, und so war ihre Kritik anfänglich in Fragen verpackt: Leistungsverweigerung, Machtverweigerung gar, Ablehnung von Verantwortung? Einer räumte ein, er kenne zwar das Buch nicht, wohl aber die Kritik des Professors Neubert.

Legal erschienen, erwiderte der Autor, legal nach dem Westen verkauft, und – übe er denn *Kritik*? Zeige er nicht *Probleme* auf? Das wäre zu wenig, meinten die Theoretiker, ein Schriftsteller müsse seine Figuren *führen*, nicht dem Leser alle Entscheidung anvertrauen. Schon waren sie im Disput über den positiven Helden und die sozialistische Perspektive, und da fühlte er sich dank fast dreißigjährigen Trainings in allen Sätteln gerecht.

Beide Seiten waren mit jedem Debatte-Wort auf der Hut, keiner der Kritiker wollte etwa in die Mottenkiste greifen und sich als Dogmatiker von dunnemals belächeln lassen, alle wollten sich den Anschein geben, prinzipienfest und dennoch fair zu Wege zu gehen, das Große und Ganze im Auge und auf der Höhe der Zeit. Wieder mußte mancher einräumen, das Buch nicht gelesen zu haben, die Exemplare seien ja wirklich knapp – aber! Aus diesem Umstand drehte der Gast keine billige Munition, stieg mit aufs Seil, und nicht ein einziges Mal in anderthalbstündiger Debatte kam er ins Straucheln oder stürzte gar ab. Auch dieses Buch passe, so seine Linie, in den Sozialismus dieser Tage und sei ihm nützlich, da es Probleme aufwerfe und beispielsweise eine Debatte wie diese ermögliche, ja nötig mache. Sein bester Schachzug war, als er nach besonders geschliffenen Argumenten der Gegenseite vorschlug, diese zum Schlußwort zu erklären – er habe als erster seine Ansicht vorgebracht, warum müsse er auch noch das letzte Wort haben? Und Dank allen, die mit Sachverstand und Engagement diesen Abend möglich gemacht hatten!

Danach fühlte er sich erschöpft, als hätte er fünfzehn Seiten Text in einem Ritt geschrieben. Im Hinausgehen raunte ihm der Student, der ihn hereingeführt hatte, zu, in welcher Kneipe er sich im Anschluß mit Freunden treffen wolle. Dort redeten sie bei viel Bier ihre Erregung hinunter, ergänzten Beobachtungen und Vermutungen, rekonstruierten Abläufe, und L. begann abzuwägen, welchen Nutzen er mit Lesung und Debatte gebracht hatte. Einigen Studenten hatte er vorexerziert, wie man mit Funktionären fertig werden konnte, aber er war wieder fort und sie in ihren Abhängigkeiten allein. Er hatte zwei Dutzend heiße Fans gewonnen, die seine Bücher in den Läden nicht finden konnten. Seinen Gegnern hatte er Gefährlichkeit bewiesen wie schon 1956 an der Seite von Zwerenz gegen Siegfried Wagner von der Bezirksleitung und anderem Gelichter, Pyrrhussiege allesamt. Wie alt waren die neuen Zeiten, und wohin ratterte der Zug, auf dem er saß?

In diesen Novembertagen 1978 betrat er abermals das Hinterhaus, in dem das Büro für Urheberrechte eingemietet war, an die Berliner Mauer gepreßt. Es war nicht möglich, sich ihm zu nähern, ohne daß Gitter und Draht, Wachhäuschen und kriegsmäßig gerüstete Soldaten aufs Gemüt drückten: „Moderne Grenze". Diesmal war er zu Herrn Adolf gebeten und wurde von der schon bekannten Dame durch Gänge mit Teppichen und Gemälden geführt. Stille überall. Herr Adolf bot Platz und Kaffee an. Auf dem Schreibtisch gewahrte der Besucher eine dünne Heftmappe, sonst deutete nichts auf Arbeit hin. Um die bewußten vier Erzählungen ginge es, eröffnete Herr Adolf, Herr Loest habe es sich wohl gedacht. Leider müsse er mitteilen, daß er den Abdruck im Ausland nicht genehmigen könne. Welche Einwände er denn habe, fragte L. und erfuhr, Herr Adolf habe die Texte nicht gelesen, das sei auch nicht seines Amtes, auch sei er kein Literat. Die Ablehnung erfolge *aus rein rechtlichen Gründen*. Verstehe ich nicht, widersprach L., die Geschichten sind dem Sozialismus nicht feindlich, sie werfen Probleme auf, für die sich offensichtlich hiesige Verlage und Zeitschriften nicht interessieren, aber deshalb sind sie doch nicht *feindlich*!

Herr Adolf wiederholte, er kenne die Erzählungen nicht und dürfe und werde sie nicht beurteilen, aber eine Druckgenehmigung für das westliche Ausland könne und werde er ebenso wenig erteilen. Höchst verbindlich artikulierte Herr Adolf, und L. merkte, daß er sich nicht wohlfühlte in seiner Amtshaut. Bittend fast: Ob denn diese Geschichten für Herrn Loest wirklich so wichtig wären? Der schilderte aufgeregt das Schicksal seines jüngsten Romans, nun käme er auch mit diesen Texten nicht weiter – *natürlich* seien sie für ihn wichtig, sonst hätte er sie ja nicht geschrieben. Herr Adolf kenne sie nicht, lehne sie trotzdem ab, sei das nicht absurd? Und aufgrund welcher Gesetze, welcher Paragraphen? Unentwegt höflich antwortete Herr Adolf, er sei dem Ministerium für Kultur unterstellt und bekomme von dort seine Anweisungen. Und er könne diese Geschichten nicht genehmigen.

Sie schauten sich in die Augen und hatten sich verstanden. Da war er wieder, der vierte Zensor, diesmal schickte er einen Verwaltungsknecht vor. Wozu noch Scheiterhaufen?

Können Sie denn wirklich nicht auf diese Geschichten verzichten? fragte Herr Adolf traurig zum Abschied, und

L. antwortete: Wahrscheinlich nicht. Draußen dachte er: Ein armes Schwein. Später überlegte er: War auch ein armes Schwein ein Schwein?

In diesen Tagen mußte Verbandspräsident Hermann Kant bittere Medizin schlucken; ihre Wirkung hielt bis zum Ende seiner Amtszeit an. Seine frische Funktion wollte er nutzen, um zwischen Literatur und Macht zu vermitteln und Konflikte zu entschärfen. Längst war Gerhard Henniger verbandserfahren, als Sekretär, dem die Leitung des etwa sechzig Mitarbeiter umfassenden Apparats anvertraut war, führte er seit einem Jahrzehnt die Geschäfte. Bis zum Ende der DDR blieb er in dieser grauen, beherrschenden Stellung. Wie einflußreich er war, beweist das folgende. Die Hauptabteilung XX/7 des MfS, zuständig für Literatur, verfaßte am 2. November 1978 eine Denkschrift:

„Am 1.11.1978 übergab der Sekretär des Schriftstellerverbandes der DDR, Gen. Henniger, zum Präsidenten des Schriftstellerverbandes der DDR, Gen. Hermann Kant, folgende äußerst interne Information." Am 3l. Oktober 1978 habe Politbüromitglied Kurt Hager ein Gespräch mit Kant über die Situation des Verbandes geführt, dabei sollte besonders die Problematik von „Es geht seinen Gang" behandelt werden. Kant habe seinen Rücktritt angedroht, falls das Buch in der DDR keine Nachauflage erhalten sollte. Hager habe Kant den Ernst der politischen Lage dargelegt, Kants Haltung nicht akzeptiert und ihm vorgehalten, daß er nicht verstehen könne, daß Kant solch eines Buches wegen derartig weitreichende Konsequenzen ziehen wolle. Kant habe sogar einen Brief ans Zentralkomitee verfaßt: Wenn das Buch von Loest keine Nachauflage erhalte, würde er

„wie ein Messer ohne Klinge" dastehen. In künftigen, sicherlich wichtigeren Auseinandersetzungen würde dann niemand auf ihn hören. Deshalb müsse er seine Funktion niederlegen und wolle das mit gesundheitlichen Problemen begründen. Weiter in Hennigers Information: „Aufgrund dieses Briefes sei Gen. Kant am 1.11.1978 in den Mittagsstunden zu einem Gespräch zum Generalsekretär des ZK des SED, Gen. Erich Honecker, gebeten worden. Gen. Honecker wies Kant darauf hin, daß dessen Berufung zum Präsidenten des Schriftstellerverbandes der DDR als Parteiauftrag gelte. Die von Kant in seinem Brief geäußerten Rücktrittsabsichten faßte Gen. Honecker als eine Art Fahnenflucht auf. Danach habe es noch ein längeres Gespräch zwischen Gen. Honecker und Kant über Loests Buch gegeben. Im Ergebnis dieses Gesprächs habe Gen. Honecker Kant erklärt, er werde am 2.11.1978 Kurt Hager verständigen, daß das Buch eine Nachauflage von 10 000 Exemplaren in einem Verlag der DDR erhalten soll. Der Vertrieb dieser Bücher sei dann eine andere Sache. Im Ergebnis dieses Gesprächs habe Kant seinen Brief und damit seine Rücktrittserklärung als Präsident zurückgezogen."

Ein wichtiger Tag für den ahnungslosen Schriftsteller L., dieser 1. November 1978, ein noch wichtigerer für Hermann Kant, dem sein Generalsekretär die probeweise ausgefahrenen Krallen stutzte. Kant begriff, was seines Parteiamtes war, denn noch in diesem Gespräch gelobte er, nie wieder einen derartigen Brief zu schreiben. Henniger berichtete weiter, Kant sei sehr niedergeschlagen gewesen, am stärksten habe ihn der Vorwurf der Fahnenflucht getroffen. Henniger, der Schlaue, Fischige, empfahl dringlich: Zu niemandem ein Wort über diesen Zusammenprall, auch nicht zu engsten Freunden! Vor allem aber aus dem nicht parteigemäßen Verhalten Lehren ziehen, sich nicht vorschnell festlegen und von jedem Schriftsteller vor dessen Karren spannen lassen. Das sei mehrfach durch Autoren wie Bettina Wegner, Klaus Schlesinger und Rainer Kirsch geschehen.

Elf Jahre lang wich Kant nie mehr vom Tugendpfad eines kommunistischen Funktionärs ab. Im Dezember 1989, zum Rücktritt gezwungen, äußerte er sich gegenüber der Illustrierten STERN so:

„STERN: Ihr Name löst in der Bundesrepublik unter Schriftstellern aus der DDR Panik aus. Sarah Kirsch sagt: Ein grauenvoller Mensch. Erich Loest sagt: Er hat einen Pakt mit dem Teufel geschlossen. Reiner Kunze sagt: Er ist schamlos. Bedrückt Sie dieses Urteil?

Kant: In jedem Fall tut es weh. Ich möchte von keinem Menschen so im Munde geführt werden. Wenn es drei gibt, gibt es sicher eine ganze Menge mehr.

STERN: Und Erich Loest?

Kant: Das ist ein Unterhaltungsschriftsteller, der durch üble Erfahrungen, die er gemacht hat, verständlicherweise sehr böse geworden ist.

STERN: Sagen wir, verbittert. Loest war sieben Jahre lang zu Unrecht im Gefängnis. Und dann bahnt sich ein großer Erfolg an. Und dann soll keine zweite Auflage erscheinen.

Kant: Das war einer der wenigen Fälle, wo ich ein Entweder-Oder zu Honecker gesagt habe. Ich bin zu Honecker gegangen und habe gesagt: Entweder ihr druckt das Buch unverändert weiter – man wollte es geändert wissen –, oder ihr sucht euch einen neuen Präsidenten. Aufgrund dieses Entweder-Oder ist das Buch weitergedruckt worden."

Nichts ahnte L. von diesen Turbulenzen auf der Königsebene. Im flachen Leipzig, ein Bauer des Geschehens, setzte er sich an jedem Morgen an seinen Schreibtisch. „Swallow, mein wackerer Mustang", der biografische Roman über Karl May, gedieh. Zwischen Böckel, der nun in Hamburg beim Verlag Hoffmann und Campe arbeitete, und dem Verlag Neues Leben in Ost-Berlin, wurde über einen Mitdruck verhandelt. Der Lebensbericht „Durch die Erde ein Riß" wuchs. Manchmal drang zwei Wochen lang kein Luftzug ins Haus. Die Staatssicherheit hörte sein Telefon ab und öffnete seine Post so geschickt, daß keine Spuren blieben. Sie legte Notizen an:

„Weiterhin wurde inoffiziell bekannt, daß auch der Reschke, Thomas, am 1.9.1978 einen Brief an Loest richtete, in dem er ‚Es geht seinen Gang' als die ‚genaueste Wiedergabe des DDR-Alltags seit 1961' bezeichnet. Reschke hatte von Loest ein Exemplar von dessen Protestbrief an das Präsidium des SV/DDR erhalten und bemerkt dazu: ‚Es ist bitter, daß in dem Land, in dem man nun mal zu Hause ist, Machtmenschen die besten Köpfe entmündigen wollen und auch immer wieder Erfolg haben.' Reschke informiert den Loest weiter darüber, daß er einen Protestbrief an die ‚Berliner Zeitung' gegen die Kritik Neuberts gerichtet hat."

Auch Reschke, der beste Übersetzer der DDR aus dem Russischen seiner Generation, arbeitversessen und ehrgeizig, wurde überwacht. Der wichtigste seiner Verräter war Dr. Ralf Schröder. 1956 und 1957 hatte er durch zügelloses Geschwafel über Stalinismus und Trotzkismus und die Notwendigkeit, Ulbricht abzulösen, die Stasi so weit aufgebracht, daß sie ihn, seinen Bruder und ein Halbdutzend Bekannte, darunter L., verhaftete. In der U-Haft und im Prozeß stimmte Schröder beflissen allem zu, was Vernehmer und Richter wünschten, und kassierte – im Schlußwort dafür würdelos dankbar – zehn Jahre Zuchthaus. Nach sieben Jahren wurde er amnestiert und am selben Tag wie L. entlassen. Wieder sieben Jahre später stellte er sich als IM „Karl" dem MfS zur Verfügung – das verstehe, wer kann. Die Bewußtseinstrübung und -spaltung eines Alkoholikers? Von da an lieferte er Berichte auch über Reschke, dessen Übersetzungen er mit Vor- oder Nachworten ergänzte. Erst 2001 flogen diese Untaten auf, Schröder war kurz vorher gestorben. Das Entsetzen im literarischen Berlin war enorm.

9. Kapitel

Den Bach runter

Nun ging alles seinen sozialistischen Gang. Honecker informierte Hager, der gab den Auftrag an Höpcke weiter, der fragte in einer Verlegerrunde, wer denn Interesse am freien Loestschen Titel anmelde. Hubertus Sauer, Direktor des Greifenverlags in Rudolstadt, hob die Hand. Sein Haus war klein, der Auftrag bescheiden – 10 000 Exemplare ohne Nebenrechte, damit war kein Blumentopp zu gewinnen und vermutlich Ärger verbunden – damit sollte Sauer recht behalten. Es wagte, was man eine gute Tat nennt.

In einer Dokumentation für den Deutschlandfunk, gesendet im Mai 1983, berichtete L.: „Diese Szene ist bezeichnend für die heimliche, unheimliche konspirative Kulturpolitik der DDR. Nachdem ich zwei Monate lang nichts von Höpcke gehört hatte, rief er mich an, er hätte am 15. November 1978 in Leipzig zu tun, ob ich ihn 15 Uhr im Kulturbund in der Elsterstraße treffen könnte. Er kam pünktlich aus einer Sitzung heraus. Unser Gespräch dauerte drei, vielleicht fünf Minuten. Höpcke sagte noch beim Händedruck, ich solle doch mal ‚Es geht seinen Gang‘ dem Greifenverlag anbieten. Ich erwiderte überrascht, mit diesem Verlag hätte ich nie zu tun gehabt. Beim Mitteldeutschen Verlag ginge nichts mehr, meinte Höpcke, da sei mein böser Brief an den Verleger schuld. Ob denn der Greifenverlag auch Papier für mich hätte, fragte ich noch, um überhaupt etwas zu sagen.

Unbegrenzt nicht, antwortete Höpcke, aber in gewissem Rahmen doch. Gut, sagte ich, ich schreibe nach Rudolstadt. Das war's."

In den nächsten Tagen tönte er gegenüber seinen Freunden, ihm sei jeder Verlag recht, selbst eine Postkartenklitsche. Also bot er seinen Titel verbindlichst an. Prompt kam Antwort, und am 7. Dezember 1978 tauchten die beiden Verantwortlichen in Leipzig auf. Sie stießen mit dem Begrüßungsweinbrand an und kamen bald zum Thema: Ja, sie wollten das Buch bringen, und zwar in einer Auflage von zehntausend Stück. Das sei wenig, maulte der Autor. An welche Höhe er denn gedacht habe. Vierzigtausend, pokerte er und fügte an, der Buchhandel hätte nicht weniger als sechsundneunzigtausend bestellt, wobei Großabnehmer wie Buchhaus und Volksarmee noch nicht einmal berücksichtigt seien. Erst lastete Stille, dann offenbarten ihm die Rudolstädter, sie dürften zehntausend drucken und nicht mehr, auch nicht im nächsten und im übernächsten Jahr.

Er war mit Bedenken in dieses Gespräch gegangen: Wenn es zu einem regulären Vertrag kommen sollte, müßte er preisgeben, die Westrechte bereits abgetreten zu haben. Seine Partner würden aufhorchen: Wie, ohne Zustimmung des Büros für Urheberrechte? Er hatte mit seiner Unterschrift bei der DVA den Gegnern willkommenen Grund geboten, die Finger von solch besudeltem Buch zu lassen: Dem Klassenfeind trabten sie nicht hinterher! Er fragte zur Sicherheit: Also ohne Nebenrechte, wie da wären Verfilmung und Übersetzungen? Und wenn die Auflage verkauft sei, fielen alle Rechte an ihn zurück? Die Herren nickten.

Die Stimmung war ohne Aggressivität. Er sah keinen Grund, seine Partner zu reizen oder zu beschämen. Und Sie würden diesen Vertrag unterschreiben? fragten die Rudolstädter. Er würde auch einen Vertrag über fünfhundert unterschreiben. Der Schwarze Peter lag nicht bei ihm.

Weihnachten nahte, viel würde bis dahin nicht geschehen. Günter Kunert schrieb: „Lieber Ärich, schön, daß Du herumgekutscht bist und Dich an manchem delektiert hast. Ja, man muß immer wieder raus aus dem Käfig. Man – mit ‚man' meine ich immer mich: so verallgemeinerungswürdig bin ich mir – kann wohl nur noch arbeiten, wenn man die permanente und wachsende Kulturkrise hierzulande ignoriert. Oh, Hamlet, welch ein Abfall! Shakespeare meinte aber wohl etwas anderes.

Inzwischen hat mir Jacobus mein Manuskript ‚Deutschstunde' mit einem unglaubwürdigen Brief zurückgeschickt; unglaubwürdig insofern, daß seine Erklärungen über die Dauer seiner Antwort geradezu grotesk sind. Und der obskure Neubert hat mir heute einen schlecht gereimten Vierzeiler geschickt, den ich Dir nicht vorenthalten will:

Für G.K.

Ein garstig Kübel
sollt' sich über meinen Kopf ergießen,
item – es stinkt
nur unter fiesen...

Eigenartig, daß solche Dreckschleudern nicht in der Lage sind, ihren eigenen Dreck zu erkennen."

Die harte Gangart hielt an. Die Bezirksleitung Halle der SED hatte unterdessen, ohne Rücksicht, was auf anderen Ebenen in der Schwebe sein mochte, Verlagsleiter Dr. Günther, Chefredakteurin Duty und Lektor Hottas vor die Schranken ihrer Kontrollkommission gerufen. Das Parteigericht beschuldigte sie, in den Fällen Heiduczek und Loest politisch blind und schädlich gehandelt zu haben. Das Ergebnis: Rüge für Günther und Duty, Verweis für Hottas, der obendrein seiner Funktion als Parteisekretär verlustig ging. Unter diesen Umständen eine zweite Auflage im Greifenverlag? Absurdes Theater.

Stark war sie, die Hallenser Bezirksleitung, Horst Sindermann hatte ihr seinerzeit dieses Gewicht gegeben. Immer stand sie in Konkurrenz zum benachbarten Leipzig. Halle ging voran mit dem Bau des Plattengiganten Halle-Neustadt und dem Autobahngeschlinge „Thälmannplatz" im Herzen der Stadt, das ihr Zusammenhalt und Würde nahm und inzwischen ungeheure gedankliche und finanzielle Hürden auftürmt: Wie baut man Halle um zu einer menschenfreundlichen sanften Stadt? Die Hallenser Stärke von damals korrespondiert mit der Meinung Höpckes vom Sommer 2002, der vierte Zensor sei... Darüber bald.

Leserbriefe erhielt L. noch immer – in ihnen stand kaum etwas, das er nicht schon kannte. Hin und wieder erreichte ihn die Kritik einer westlichen Zeitung; meist wurde über politische Querelen berichtet, vom literarischen Gehalt war wenig die Rede. Unterdessen erschien im Deutschland Archiv zu Köln das Interview, das L. dem Professor Mohr aus Osnabrück gegeben hatte – während der Chronist in der ersten Auflage dieses Berichts blättert, wächst aus der Erinnerung, aus anfänglichem Dämmern und langsamer Aufhellung heraus: Das war ja gar kein Interview, wie er eben noch behauptet hatte, L. hatte nicht nur die Antworten, sondern auch die Fragen formuliert, Mohr war nicht nach Leipzig an den schönen Kachelofen gekommen, sondern lediglich vom fertigen Ergebnis informiert und um Einwilligung gebeten worden, die er natürlich gab. Dies der Schluß: „Kommen Sie gut durch jeglichen Winter". Mit einiger Verspätung fand natürlich auch diese Ausgabe des Deutschland Archivs auf die Schreibtische der DDR-Wächter; die zogen die Brauen hoch.

Wenigstens etwas geschah: Für den 11. Januar 1979 wurde L. von Vizepräsident Nowotny zu einem Gespräch gebeten, es fand im Literaturinstitut statt, mit am Tisch der Bezirksvorsitzende Pfeiffer. Nowotny informierte, Kant sei ärgerlich über des Interview im Deutschland Archiv. Kant habe sich für das Buch eingesetzt und finde es schädlich, die Debatte in die BRD zu verlegen. Der Gescholtene erwiderte, seit seinem Brief an das Präsidium mit einem Durchschlag an Kant vom letzten August und einem Telefonat unmittelbar darauf habe er nicht die geringste Antwort erhalten. Neubert habe das Feld der Kritik bestimmt, ohne daß ihm widersprochen werden konnte, die Redaktion des SONNTAG habe Gegenmeinungen nicht zugelassen. So verlaufe die Sache absolut einseitig zu seinem Schaden. Die Verhandlungen mit dem Greifenverlag würden nicht weitergeführt, noch immer halte er keinen Vertrag in Händen, alle Termine seien wieder einmal verstrichen. Um ihn breite sich Kälte aus, die Isolierung wachse; ähnlich ergehe es Heiduczek.

Nowotny und Pfeiffer gestanden ein, es sei ein unmöglicher Stil, ihn fünf Monate lang ohne Nachricht zu lassen. Sie beklagten das Verhältnis des Verbandes zur Presse, man müsse aber alles innerhalb der DDR und nicht zum Fenster hinaus erwirken. Mit Veröffentlichungen im Westen werde den gutwilligen Kräften im Verband nur geschadet. Das Gespräch verlief ohne Schärfe, eher in einem bittenden Ton. Nowotny hinterließ einen überanstrengten, wenig kämpferischen Eindruck.

Das MfS in Leipzig, möglicherweise durch Nowotny (IM „Dozent") informiert, schickte am 16. Januar 1979 ein Telegramm an die Zentrale in Berlin, das über diese Zusammenkunft berichtete und feststellte, „daß die Zielstellung, eine politisch-ideologische Auseinandersetzung mit Loest bezüglich seines Interviews zu führen, nicht erreicht wurde. In der Hauptsache begründete Loest sein Interview damit: Er fühlt sich gegenwärtig in der DDR isoliert; bis jetzt sei das Erscheinen einer Nachauflage durch den Greifenverlag noch nicht klar – es kam zu keinem Vertragsabschluß; ein öffentlicher Meinungsstreit zu seinem Roman wurde in der DDR vermieden; aus diesem Grund müsse er sich dort an die Öffentlichkeit wenden, wo sein Roman gedruckt werde (BRD)." L. sehe in dieser Veröffentlichung kein Fehlverhalten, Mohr sei eine linksliberale Persönlichkeit mit einer objektiven Haltung zur DDR und kein Antikommunist. „Gen. Nowotny schätzt ein, daß es ihm nicht gelang, seine eigene kritische Haltung zu Loests Aktivitäten diesem im genügenden Maß deutlich werden zu lassen, da ihm eine Reihe Sachkenntnisse fehlte." Loest hoffe auf weitere Gespräche mit kompetenten Spitzenfunktionären.

In diesen Monaten wechselte er regelmäßig Briefe mit Erwin Strittmatter. Sie hatten sich 25 Jahre vorher kennen gelernt und waren gut miteinander gefahren, unter anderem bei einem vierwöchigen Studienaufenthalt in Ungarn im Sommer 1953, vom Juni-Aufstand überschattet. Dann wurde der eine Sekretär und Vizepräsident des Verbands, mehrfacher Nationalpreisträger auch, der andere verschwand im Zuchthaus. Später fanden ihre Wege nicht leicht wieder zueinander. Strittmatter lud auf den inzwischen erworbenen und ausgebauten Schulzenhof ein, bevölkert von Araberpferden und preisgekrönten Ponys. Der unterdessen große alte Mann der DDR-Literatur hatte seine eigenen Schwierigkeiten, der dritte Band seines „Wundertäter"-Romans lag auf Eis. Beide steckten gleichermaßen in den Mühlen der Bürokratie, der eine in der Leipziger Provinz, der andere weit näher der Staatsspitze. Der eine wehrte sich zunehmend rabiat, der andere keuchte im Geschirr der Disziplin. Sie tauschten Erfahrungen aus und sprachen sich Mut zu. Strittmatter mahnte zur Geduld; gewiß hörte er manches, so auch von seinen privaten Gästen Kant und Holtz-Baumert, einem anderen Vizepräsidenten, aber aus der Schule plauderte er nicht.

Krach derweil zwischen Berlin und Rudolstadt. „Auf dem Dienstweg" sollte der Leiter des Greifenverlags genötigt werden, die am 7. Dezember 1978 an L. gegebene und durch Handschlag bekräftigte Zusage für einen Vertragsabschluß mit der Begründung zurückzuziehen, L. habe sich in seinem Interview für das Deutschland Archiv „säuisch" über die DDR geäußert. Am 26. Januar 1979 schrieb Sauer einen Brief an den „sehr geehrten Herrn Minister", also an Höpcke, „am 23. Januar d.J. beauftragten Sie mich, den Vertragsabschluß mit Erich Loest hinauszuzögern und ihm brieflich mitzuteilen, sein Interview im Deutschland Archiv habe mich wankend gestimmt, das Buch zu bringen." Die Lektüre allerdings habe ihn zu der Meinung gebracht, das Interview reiche nicht aus, sein Wort zurückzunehmen, da es Loests Image und Haltung, „Ihnen wie mir hinlänglich bekannt, nicht im geringsten ändert oder anders betrachten läßt." Daher bitte er Höpcke, seine Weisung zu überprüfen. „Ich bin mir bewußt, daß ich disziplinarische Maßnahmen zu gewärtigen habe, wenn ich die Ausführung Ihrer Weisung verweigere, sehe mich aber wirklich außerstande, sie zu befolgen."

Mut dieser Art vor Ministerthronen war in der DDR wunderselten. Daraufhin wurde Hubert Sauer zu einer „Aussprache" in Höpckes Büro einbestellt, bei der vierzehn Vertreter „maßgeblicher Parteiinstanzen", so ein interner Bericht, „massiven Druck auf ihn ausübten, die Zusage doch noch zurückzunehmen." Sauer blieb standhaft.

Schneemassen fielen, die DDR röchelte unter ihrem Würgegriff. Briketts wurden knapp, mit dem Rodelschlitten seiner Kinder zog Familienvater L. kreuz und quer, um irgendwo einen Zentner zu ergattern. Jahrgangsweise verheizte er alte Zeitschriften, darunter das kostbare „Sinn und Form". Er meinte, alle Möglichkeiten ausgeschöpft und lange genug gewartet zu haben, seit acht Monaten war er keinen Schritt weiter gekommen. Nun schwieg auch noch der Greifenverlag. Da setzte er sich an einem kälteklirrenden Januartag an die Maschine und schrieb noch einmal an den Verbandspräsidenten Hermann Kant. „Von Joachim Nowotny hörte ich kürzlich, Sie hätten sich über mich geärgert. Ich habe mich aber auch über Sie geärgert." Er beklagte sich, von seiner Berufsorganisation seit fünf Monaten nichts gehört zu haben, Neubert habe scharfrichten dürfen, aber kein Widerwort sei geduldet worden.

„Diese Behandlung ist nicht das, was ich als Klärung von Problemen im eigenen Land bezeichnen kann; Kunert nannte sie unzivilisiert." Nun ginge auch mit dem Greifenverlag nichts voran. „Da der Verband nichts erwirken konnte, da die Presse keine Debatte zuläßt, überlege ich, ob ich einer Idee folgen sollte, die unter Kollegen immer wieder auftaucht: Eine von zwei oder drei Dutzend Schriftstellern unterzeichnete Bittschrift an den Staatsratsvorsitzenden zu richten. Vielleicht könnte dann von der Machtspitze her aufgetaut werden, was unten eingefroren ist. Lieber Hermann Kant, ich wüßte nun gern, ob der Verband eine solche Petition guthieße. Und: Dürfte ich Sie gegebenenfalls um Ihren Namenszug bitten?"

Diesmal machte er so viel Geräusch im Publikum wie nur möglich. Ein Freund, Hans-Martin Kählitz, besaß im Betrieb den Schlüssel für den Kopierer und erbot sich, heimlich nach Feierabend dreißig Exemplare dieses Briefes abzuziehen. Und, fragte L., wenn's rauskommt, daß du das warst? Das sei ihm die Sache wert. L. schickte Kopien an alle, die sich für sein Problem interessiert hatten, manche wollten die Brief ihrerseits weiter verbreiten.

Kant antwortete sofort. Die Leitung des Schriftstellerverbands habe sich wiederholt und an verschiedenen Stellen um seine Angelegenheit bemüht und sei auf gutem Wege gewesen. Er aber habe sich fragwürdige Bundesgenossen in der BRD gesucht. „Was Ihre ‚Idee' angeht: Ich kann Ihnen in aller Kollegialität nur raten, sich schnell von ihr zu verabschieden – sie ist nicht gut. Ihre Frage, ob Sie mich auf die Liste der künftigen Petitionisten setzen dürfen, will ich einmal als versuchten Humor nehmen. Aber ich habe nicht sehr gelacht."

Doch Kant handelte. Warnte er die Kulturabteilung des Zentralkomitees, das Büro Hager, Honecker gar? Ließ sein Sekretär Henniger verschwiegene Verbindungen spielen? Jedenfalls wurde entschieden, zehntausend Exemplare eines Buches seien weniger schädlich für den real existierenden Sozialismus als erneut eine Bittschrift wie weiland zugunsten von Wolf Biermann. Nur drei Tage vergingen, bis der Leiter des Greifenverlags bei L. anrief, er wolle ihn so bald wie möglich besuchen.

Eine zur Mäßigung mahnende Stimme ließ sich flankierend hören – war Strittmatter von Kant gebeten worden abzuwiegeln? Immerhin war Strittmatter einer von den Vizepräsidenten des Verbands, und seine Freundschaft zu Kant hielt bis über den Tod der DDR hinaus. „Ich danke Dir für die Information", schrieb Strittmatter nach Leipzig. „Nach meinen Erfahrungen will man sich nicht drängen lassen; es soll nicht so aussehen, als ob man einem gewissen Druck nachgegeben hätte. Seit dem 17. Juni – irgendwann – werden Fehler nicht mehr eingestanden bzw. später, viel später und sehr leise. Als Christa Wolfs ‚Nachdenken über Christa T.' eine Weile nicht gedruckt wurde, sagte man mir, als ich dieserhalb vorstellig wurde: ‚Gut, wenn du verlangst, daß das Machwerk gedruckt werden soll, müssen wir die Nachauflage von deiner abziehen!' – ‚Ja, bitte', sagte ich, ‚tut das, es würde mich freuen.' So etwas Kindisches! Es wurde trotzdem nicht gedruckt, aber als eine Weile vergangen war und als das Gerede über das Buch abebbte, war es still, still, still wieder da. – Lieber Erich, es gibt Leute, die darauf warten, daß Du ‚durchbrennst', damit sie sagen können: Da habt ihr euren Loest! Und hatten wir nicht recht, so zu handeln, wie wir taten? Wenn Du diesen Leuten nicht entgegenkommen willst, ihnen die Freude nicht machen willst, so treib nichts auf die Spitze, bitte. Freilich, recht unkollegial, das Schreiben von Kant. Halten wir ihm zugute, daß er sich vor Schmerzen windet mit seinem Arm. In den nächsten Tagen reist er nach Moskau zur x-ten Operation. Ich grüße Dich herzlich. Dein Erwin."

Ein weiser Brief, diplomatisch. „Man." – „Ein gewißer Druck." – „Es gibt Leute." Die Aufforderung zur Kapitulation war in Seide verpackt, der Inhalt: Abwarten, kuschen. Das ganze vom Freund, der, so der Eindruck, das beste wollte. Der Gegner nicht benannt, obschon Erwin ihn kannte. Solch ein Brief ist am gefährlichsten: „Treib nichts auf die Spitze, bitte." Das hieß: In die Knie gehen, schweigen, bis es denen da oben gefällt. Dem eigenen Lied auf die Kehle treten.

In diesen Monaten wurde er mit Annelies verschiedentlich in die Ständige Vertretung der Bundesrepublik in Berlin geladen; eine Ausstellung wurde eröffnet, Günter Gaus empfing zu diesem und jenem Anlaß, auch zum Tag des Grundgesetzes. Für die in Leipzig immer einsamer werdenden nahm es Druck von der Seele, sie durften für Stunden in eine andere Welt. Unter den Angestellten der Vertretung waren Georg Giradet, jetzt, da diese Recherche entsteht, Leiter der städtischen Kultur in Leipzig und mit dem Chronisten im häufigen Kontakt, und Axel Schmidt-Goedelitz, gegenwärtig Bürochef der Friedrich-Ebert-Stiftung in Berlin. Dort trafen sie Kulturattachés, Kunerts, Wolfs, Bettina Wegner und Klaus Schlesinger, den alten Wieland Herzfelde, Stefan Heym, Günter de Bruyn, Schauspieler, Journalisten aus West-Berlin und der Bundesrepublik – es war das aufregende

Gegenteil zum tristen Leipziger Alltag. Einmal erklärte er der Frau eines Kollegen, bisweilen frage er sich, ob denn der Nervenaufwand lohne, aber er stecke nun so weit drin, daß er nicht herauskönne. Den letzten Halbsatz mußte sie so gedeutet haben, er schwanke, ob er nicht doch einlenken sollte, da fiel sie mit einem Wortschwall über ihn her, das dürfe er auf keinen Fall! Viele blickten auf ihn, was er unternommen habe, sei eminent wichtig, bloß keine Kapitulation! Ihr Mann meine auch... Nein, besänftige er, er halte schon durch. Den Punkt, von dem aus Rückkehr möglich sei, habe er längst überschritten. Sie atmete auf.

Eines Tages saß Hottas bei ihm, der gebeutelte Lektor; Parteisekretär war er nun nicht mehr. Dr. Günther lasse grüßen, und als L. die Stirn krauste, fügte Hottas hinzu, dieser Gruß sei durchaus nicht ironisch gemeint. Über das Honorar für die versprochene zweite Auflage werde mit dem Verband verhandelt, eine Lösung zugunsten des Autors sei in Sicht. Und, wenn L. ein neues Manuskript anzubieten habe – Günther wolle gern mit ihm darüber reden. Das fand L. großherzig, es *war* großherzig, aber er arbeitete ja an seinem Lebensbericht, und den hatte Günther schon einmal überdeutlich abgelehnt. Nein, er habe momentan kein für den Mitteldeutschen Verlag geeignetes Manuskript. Günther wollte Frieden schließen, aber L. dachte auch an die Frau eines Kollegen, die ihn bestürmt hatte, den Kampf um „Es geht seinen Gang" weiterzufechten, durchzufechten.

Ein Theaterstück seines Prager Kollegen Havel kam ihm in den Sinn: Darin bat ein Bürger einen anderen um Hilfe gegenüber den Behörden, die seinen Schwiegersohn eingelocht hatten. Er protestierte nicht etwa selbst, sondern versuchte den Protest an einen zu delegieren, der sich oft vorgewagt hatte, der gewohnt war, mit Risiko zu leben, den Berufsprotestierer sozusagen – bin ich, überlegte L., schon in solcher Rolle? Wie war es mit der Eitelkeit des Märtyrers? Jemand hatte einmal einen Tempel angezündet, um in die Geschichte einzugehen. Wie wichtig, wie lächerlich war ein Roman?

Waffenstillstand, kleiner Frieden gar: „Sehr geehrter Herr Loest! Wir haben nochmals beraten und möchten Ihnen mitteilen, daß unser Verlag bereit ist, das Honorar für die ursprünglich zwischen uns vereinbarten 2. Auflage des Romans ‚Es geht seinen Gang oder Mühen in unserer Ebene‘ an Sie zu bezahlen. Wir bitten Sie, durch Ihre Unterschrift zu bekunden, daß damit alle gegenseitigen Verbindlichkeiten zwischen dem Mitteldeutschen Verlag und Ihnen in bezug auf den o.g. Titel abgegolten sind. Sobald uns diese Mitteilung vorliegt... Mit freundlichem Gruß: Dr. Günther, Verlagsleiter."

Am 2. Februar 1979, ganze elf Tage, nachdem er seinen Brief an Kant in den Kasten gesteckt hatte, saßen die Herren des Greifenverlags wieder in der Oststraße. Er fragte, ob sie ihm denn seit Dezember nicht wenigstens einen Zwischenbescheid hätten zukommen lassen können. Sie antworteten wie versteinert: Noch nicht einmal das konnten wir.

Der Vertrag war nicht länger als eine Seite. Paragraph 1: Der Verfasser überträgt dem Greifenverlag das Recht, eine einmalige Auflage seines Werks „Es geht seinen Gang" herauszugeben. Paragraph 3: Die Höhe der Auflage beträgt 10 000 Exemplare. Paragraph 6: Mit dem restlosen Absatz der vereinbarten Auflage fallen alle Rechte an den Autor zurück.

Weder die Verlagsvertreter noch der Autor waren froh über das, was sie erreicht hatten. Ein Pyrrhussieg war errungen, er wußte es wohl. Er hatte die Staatsmacht zu einem Zugeständnis genötigt, das würde sie ihm heimzahlen. Diese Nachauflage dürfte ihn etliche andere Auflagen kosten. Seinen Namen würde er künftig in der Presse vergeblich suchen. Auch Hubert Sauer bezahlte für seinen Anstand: Bereits Ende 1979 wurde der damals 56jährige als Direktor des Greifenverlags entlassen.

Die zweite Auflage, versicherten die Herren aus Rudolstadt, sollte sich textlich in nichts von der ersten unterscheiden. Deshalb werde der Seitenumbruch eingehalten, damit nicht durch Ein- oder Ausbringen eines Wörtleins hier und da eine Änderung nötig würde. Einband und Schutzumschlag freilich wollten sie neu gestalten, und für die Herstellung, mit der es schnell gehen sollte, hätten sie schon einen kleinen Leipziger Betrieb im Auge.

Der Autor nickte. Keine Freude kam auf, die Anstrengung war zu groß gewesen.

10. Kapitel

An der frischen Luft

Eiszeit. Die Regierungen von Ost-Berlin und Bonn versetzten einander listig und verbissen Nadelstiche und Tiefschläge. In Thüringen kauften zwei Ehepaare in weit verstreuten Läden, was sie für den Bau eines Heißluftballons brauchten, der sie und ihre Kinder nach Bayern tragen sollte. Stefan Heym durfte nicht in die Bundesrepublik reisen, und der Korrespondent des ZDF, Peter von Loyen, wurde wegen eines Interviews mit Heym aus der DDR gewiesen. In Frankfurt am Main gründeten verschiedene Gruppierungen „Die Grünen".

Warten, Schreiben. Der Antrag für eine Lesereise nach Westdeutschland und in die Schweiz wurde abgelehnt, was sonst. Einmal saßen Studenten aus Wurzen bei ihm, einer Kreisstadt nahebei, Mitglieder eines Jazzclubs. Sie versuchten, begannen sie, ihren Radius zu erweitern, so seien sie gemeinsam zur Kunstausstellung nach Dresden gefahren – ob Herr Loest einmal bei ihnen lesen wolle? Schwierig sei es gewesen, das Kulturamt der Stadt, den Träger des Clubs, zur Einwilligung zu bewegen, das aber sei unter der Bedingung gelungen, nur Mitglieder dürften teilnehmen; öffentliche Hinweise seien nicht gestattet. Die Studenten baten, bettelten – gut, sagte er, ich komme. Aber, fügte er aus ungutem Gefühl heraus an, die dunkle S-Bahn, ich kenne eure Stadt ja kaum – ich möchte vom Leipziger Hauptbahnhof an und wieder zurück nicht allein sein. Kein Problem: Einige der Jazzfreunde studierten in Leipzig und führen jeden Tag heim, andere wohnten hier im Internat, die würden ihn begleiten. So hatte er von Anfang an drei bärtige kuttentragende Burschen um sich. Die Dame des Kulturamts habe noch einmal gezetert – keine Bange, versprach er, alles wird gesittet ablaufen. Hauptsache, der Stasi-Spitzel, der natürlich unter euch ist, berichtet wahrheitsgemäß.

Wurzen sparte noch energischer Strom als Leipzig; bestenfalls an den Kreuzungen der Hauptstraßen brannten einige Lampen, alles andere lag stockdunkel. Da Zeit blieb, betraten sie ein Lokal, und als sie saßen, flüsterte einer: Die da drüben sind von der Kreisleitung der Freien Deutschen Jugend, jemand hat Sie erkannt und mit den anderen getuschelt! Vielleicht wollen die zu uns? Ein anderer fügte ebenso leise hinzu: Und der Große bei den FDJlern ging einmal mit mir in eine Klasse, jetzt arbeitet der Blödmann bei der Stasi.

Hört mal, probierte der Gast, wie wäre denn das: Ihr habt doch eurer Kulturtante versprechen müssen, daß nur Mitglieder des Clubs teilnehmen – ihr laßt die da nicht rein? Tut euch leid, aber ihr habt eure Vorschriften! Die Jazzer zeigten sich begeistert.

Doch der Tisch der Jugendfreunde und ihres Gorillas war plötzlich leer, und als L. und seine Begleiter ins Jazzlokal kamen, saßen die schon drin. Nun ist es ein ander Ding, jemanden nicht einzulassen als ihn hinauszuwerfen – die Jazzer versuchten es trotzdem. Dies sei eine geschlossene Veranstaltung, ob die Herrschaften denn die Genehmigung zur Teilnahme beim Kulturamt eingeholt hätten? Natürlich wisse das Kulturamt Bescheid, logen die Funktionäre flink. Das sei nicht wahr, wurde entgegengehalten, noch am Nachmittag ... Sofort gingen die Wogen hoch: Hier solle doch wohl nichts Verbotenes veranstaltet werden, oder? Die Blauhemden machten keine Anstalten, ihre Plätze zu räumen, da zeigten die Jazzer auf den Stasimann: Und der, der sei doch nicht von der Kreisleitung, oder? Der sei mit ihnen gekommen, erwiderten die Berufsjugendlichen. Ja, gut, aber *wer* er denn sei? Wir, beharrten die Jazzer, fordern Sie letztmalig auf...

L. schaltete sich vermittelnd ein. Die Situation sei vertrackt, vielleicht wolle der Leiter des Klubhauses – jetzt käme ein hochtrabendes Wort – *die Verantwortung übernehmen*, daß die Funktionäre blieben? Der Mann erklärte sich erleichtert bereit. Aber einer der Jazzer hatte noch nicht genug: Die von der Kreisleitung, gut. *Aber der da*, der gehöre nicht zur Kreisleitung, das wisse er genau; wer sei er? Noch immer blieb der Stasi-Hüne stumm, und die FDJler erklärten abermals, er sei mit ihnen hier, basta.

Der Autor las, danach kam es zu einer gescheiten Debatte, an der sich auch eine junge Frau der Kreisleitung beteiligte. Am Ende gestand sie zu, nach allem, was sie vorher gehört habe, negativ zu diesem Buch eingestellt gewesen zu sein, aber jetzt betrachte sie es mit anderen Augen. Die Jazzer bedankten sich mit einer Schallplatte, und auf der Rückfahrt jubelten sie noch, wie sie es den Blauärschen gegeben hatten. Die würden sich, fürchtete L., langfristig rächen. Er fühlte sich wohl unter diesen Jungen im kalten, finsteren Zug. Zwei brachten ihn bis zur Haustür. Einer davon war natürlich IM.

Im Postkasten steckte ein Zettel, gezeichnet *cr*: „Sisyphos, Bruder, sag mir:

geschunden, enttäuscht und betrogen
wälzest du dennoch den Stein,
träumst, es sei niemals umsonst?
Schreibender,
wälzend die Last strenger Wahrheit
und dennoch tat-träumend,
glaubst du, nie sei es umsonst?
Daß du es glaubst, das ist schön."
Dem Leiter der Bibliothek in Gotha, dem Schriftstel-
lerkollegen Hanns Cibulka, der ihn zur Buchwoche geladen hatte, sagte er ab. In Leipzig habe er noch gelesen,
aber das gehe bisweilen unter großem Aufgebot vor sich.
„Es steht kein guter Stern über dem Buch. Mich strengen
solche Debatteschlachten an – versteh bitte, daß ich
mich vorerst zurückhalte. Immerhin, ein neues Manuskript ist fast fertig, ein Roman über Karl May. Vielleicht
lese ich bald daraus."
Sisyphos? Lieber nicht.
Als „Der vierte Zensor" im sanften Osnabrücker Exil
1983 und 1984 montiert wurde, blieb ein Vorgang unerwähnt, der in der DDR lebende Filmleute in Schwierigkeiten hätte bringen können. Der Schriftsteller Ulrich
Plenzdorf übermittelte ein Angebot der Artus-Film-
Gesellschaft in München, „Es geht seinen Gang" zu ver-
filmen. Plenzdorf und L. sprachen darüber in der Wohnung von Stefan Heym in Berlin-Grünau; ob sie abgehört
wurden, ist nicht bekannt. Wenn L. das Drehbuch selbst
schreiben wolle, so Plenzdorf, wäre das natürlich die
beste Lösung, wenn er das aus irgendeinem Grund nicht
für optimal halte, wolle er es selber probieren. Da
bedachte L. seinen angeschlagenen Zustand und den zu
erwartenden neuen Druck. Außerdem war Plenzdorf

filmerfahren; jahrelang hatte er bei der DEFA als Dramaturg gearbeitet. Gut, entschied L., wenn du es machen willst, Ulli, bitte.

Für den selben Nachmittag – eine zufällige Konstellation – war L. in der Gaststätte des Flughafens Schönefeld mit dem Ehepaar Christel und Roland Gräf verabredet. In einem wunderbaren französischen Sportflitzer, den sich Plenzdorf durch „Die neuen Leiden des jungen W." im Westen verdient hatte, kurvten sie in die Nähe des Treffpunkts und verabschiedeten sich konspirativ drei Ecken vorher.

Gräfs, als Dramaturgen und Regisseure bei der DEFA angestellt, bekundeten Interesse. Und, fragte er bald, was machen Sie mit meiner Szene auf dem Leuschnerplatz, lassen Sie etwa die Volkspolizeihunde los? Das wäre natürlich ein Problem, räumten sie ein, vielleicht könnten die Personen im Gespräch darauf kommen, später, im Rückblick. Das hielte er für schwach; Gräfs wußten es selber. Augenscheinlich wollten sie etwas wagen, zu viel aber auch nicht, gegen alle Mauern Babelsbergs würden sie nicht rennen. Am Ende versprachen sie, ihr Vorhaben zu bedenken – aus Mienen und Tonfall war zu schließen, daß sie keine allzu großen Hoffnungen hegten.

Die Sache erledigte sich bald. Major Tinneberg von der Leipziger Sicherheit notierte am 26. März 1979, das Ehepaar Gräf habe die Verfilmung des Romans „Es geht seinen Gang" erwogen, „wenn auch mit erheblichen Veränderungen", und damit „bei ihren Kollegen den Eindruck einer ,kritischen' Haltung erwecken wollen". Chefdramaturg Genosse Jirschik habe das Vorhaben zunächst „in Unkenntnis der kulturpolitischen Auseinandersetzungen mit Loest bestätigt." Durch operative

Einflußnahme der BV Potsdam werde gesichert, daß es zu keiner Realisierung des Vorhabens komme. Gräfs ließen nichts mehr von sich hören.

Plenzdorf machte sich ans Werk, schickte seine Entwürfe nach Leipzig und erklärte seine Absichten; L. fand wenig einzuwenden. Artus-Film drehte zügig in West-Berlin. Ein Berater aus der DDR war nicht dabei; Plenzdorf erhielt kein Visum. Um die Erstsendung zu sehen, fuhr L. nach Ost-Berlin, denn die Strahlen des ZDF erreichten Leipzig nicht immer und dann oft verstümmelt. In der Wohnung eines Mitarbeiters der Ständigen Vertretung der Bundesrepublik erlebte er in kleinem Kreis einen nicht sonderlich brillanten Fernsehabend; zu stark war auf Unterhaltung, zu wenig auf politische Brisanz gesetzt worden. Wülffs Konflikt zwischen der Ausübung und Duldung von Macht blieb ausgespart. Ein Dutzendfilm mit Liebe und Scheidung war entstanden, der bald in den Archiven verschwand. Immerhin: Plenzdorf und L. erhielten für ihn 1984 den Jakob-Kaiser-Preis des Ministeriums für gesamtdeutsche Fragen der Bundesrepublik. Das brachte den DDR-Bürger Plenzdorf in Konflikt. Mit Rücksicht auf seinen Partner wollte er die Vergabe nicht gefährden, aber auch nicht in Devisenquerelen kommen – so nahm er den Preis an und spendete das Geld sofort für eine mildtätige Organisation. Für L. kamen die fünftausend Mark gerade recht.

Günter Gaus, für sieben Jahre der bundesdeutsche Vertreter in Ost-Berlin, schickte Diplomatenkollegen in aller Welt, die ihn nach seinem Wirkungsbereich fragten, dieses Buch. Aus ihm, so merkte er an, könnten sie mehr über die DDR erfahren als in einem noch so genauen Bericht. Ein Buchclub in Stockholm brachte eine schwedische Auflage in der schwindelnden Höhe von 110 000 Exemplaren heraus, „Det gar sin Gang". Der Bertelsmann-Club veranstaltete eine Ausgabe, die auch für die Europäische Bildungsgemeinschaft Stuttgart, die Buchgemeinschaft Donauland Kremayr & Scheriau in Wien und für die Buch- und Schallplattenfreunde aus Zug in der Schweiz galt. Es bleibt fraglich, ob die Leser in Schweden, Österreich und der Schweiz wenigstens ein wenig schmunzelten, als sich Wolfi Wülff ausmalte, er zöge zur Kolln. Graf: „Weltall-Erde-Mensch hätten wir dann doppelt." Der Chronist erlebte es, daß auch versierte Übersetzer ins Englische, Niederländische und Italienische entnervt aufgaben: So gräßlich viel DDR, wie sollte man das rüberkriegen?

Auf der Frühjahrsmesse 1979 in Leipzig stellte Minister Höpcke mit propagandistischem Aufwand zwei neue Bücher in den Vordergrund. Über Dieter Nolls „Kippenberg" schrieb er, der Autor „widersteht der Versuchung, seinen Helden allerlei politische Anspielungen ‚abhusten‘ zu lassen, von denen Leute mit geringen Ansprüchen meinen, sie könnten das Bedürfnis nach Zeitbezogenheit befriedigen." Harry Thürks „Der Gaukler", eine Verunglimpfung Solschenizyns, pries Höpcke als „absoluten Renner".

Über diese Messe schrieb Jürgen Liebing im West-Berliner „Abend": „Angekündigt sind für das Jubiläumsjahr neue Bücher von Christa Wolf, Günter Kunert und Ulrich Plenzdorf. Auch Erich Loests ‚Es geht seinen Gang‘, um das es im letzten Jahr erhebliches Aufsehen gegeben hat, kommt, allerdings in einer einmaligen und nur 10 000 Stück umfassenden Neuauflage, heraus. Aber insgesamt ist die Bilanz negativ. Die Zeit, da Honeckers

Satz galt, daß es für einen sozialistischen Schriftsteller keine Tabus gebe, ist vorbei. ‚Keine Mächtigen der Welt‘, so heißt es in einer Erzählung von Rainer Kirsch, ‚können Chronisten haben, die gut schreiben und gleichzeitig schreiben, was von ihnen erhofft wird.‘ "

Während dieser Messe strich unser Mann durchs enge, stickige Buchhaus am Markt und blieb am Stand des Verlags „Das Neue Berlin" stehen. Scheinwerfer strahlten, eine Kamera wurde aufgebaut. Eine junge Frau zwängte sich zu ihm und beteuerte, sie freue sich ja so, daß er gekommen sei, sie habe schon mit seiner Frau telefoniert, die habe gesagt, ihr Mann sei auf der Messe und werde sich sicherlich zu einem Interview bereit finden. Da muß L. immer verdutzter, immer törichter dreingeschaut haben, und so fragte die Frau schließlich: „Sie sind doch Harry Thürk?"

„Nicht ganz." Er nannte seinen Namen.

„Oh Gott", stammelte sie und erbleichte.

Eines Nachmittags, als er vom Einkaufen zurückkam, saßen zwei Berliner Kollegen auf seinem Küchenbalkon, Klaus Schlesinger und Kurt Bartsch. Er habe sicherlich davon gehört, daß Stefan Heym mit einem Prozeß überzogen werden solle, weil er seinen „Collin"-Roman ohne die Genehmigung der DDR-Behörden in der Bundesrepublik herausgegeben habe. Dagegen wollten sie und einige andere Autoren protestieren. Sie legten ein Papier auf den Tisch, in dem von Kriminalisierung und Zensur die kräftige Rede war. Immer öfter geschehe derlei in letzter Zeit und mache alle Hoffnungen, die Honecker erweckt hatte, zunichte. Jurek Becker habe schon zugestimmt, Martin Stade auch, mit anderen wollten sie noch reden. Annelies las den Aufruf und hörte zu; er hielt eine

Satz-Umstellung für erwägenswert und erklärte sich zur Unterschrift bereit. Der Protest solle, so versicherten die beiden, nicht in den Westen gebracht, sondern lediglich Honecker per Post zugestellt werden. Händedruck und Dank, die beiden gingen, und L. wartete, was Annelies nun sagen würde.

Er hielt mancherlei für möglich. Hast du noch immer nicht genug? Hast du vergessen, in welche Lage du mich mit den Kindern gebracht hast? Willst du dem Krach wegen deines Romans nun noch einen neuen hinzufügen? Kriegst du nie genug Prügel? Aber Annelies sagte: „Das mußtest du einfach unterschreiben." Der Chronist hält diese Stunde für eine der schönsten in seiner Ehe.

Der Wirbel war enorm. „Kippenberg"-Autor Dieter Noll diffamierte im „Neuen Deutschland" die Briefschreiber als kaputte Typen; dieses Wort blieb für immer an seinem Namen haften. Die üblichen Staatstrompeter ließen sich einstimmen zum Treuegeschmetter, dann erfolgte im Roten Rathaus die immer wieder kommentierte und ausgeleuchtete Ausschluß-Versammlung mit der fulminanten Verteidigungsrede Stefan Heyms und dem Versuch zur Mäßigung durch Stephan Hermlin. Gegenstimmen wurden gar nicht erst gezählt – es war eines der trübsten Kapitel in der Geschichte der DDR. In ihm kam L. nicht vor, denn er gehörte ja nicht dem Berliner Verband an. Über ihm hing das Schwert noch einige Monate.

Im Juli 1979 besuchte der Kölner Journalist Heinz Klunker die DDR und schrieb: „Es war wie ein Spuk und dauerte kaum zehn Minuten: In der Leipziger Franz-Mehring-Buchhandlung tauchte ein Buch mit grünem Schutzumschlag auf, in zwei knappen Schüben, und die

Kunden bedienten sich ohne Umschweife. Jemand nahm, leicht verlegen, gleich vier Exemplare – sein Beliebtheitsgrad unter den mitversorgten Bekannten wird steigen. Verkauft wurde die zweite Auflage eines Romans aus dem DDR-Milieu, ‚Es geht seinen Gang‘. Erich Loest – ist er nun kein Fall mehr, obwohl ihm im März eine westliche Lesereise verwehrt wurde, obwohl er zu den Kandidaten für den Ausschluß aus dem Schriftstellerverband gehörte, weil er eine gegen seinen Willen im Westen bekannt gewordene Petition an Honecker mit unterzeichnet hat?" Noch habe sich der Leipziger Verband nicht entschließen können, Loest zu maßregeln. Aber nun kündige sich in der „Leipziger Volkszeitung" eine neue Verschärfung an. „Über Schriftstellerei" sei ein Artikel erschienen, „dessen Anspielungen nur von seinen Unterstellungen übertroffen werden. Autor ist der Germanistik-Professor Claus Träger, dem es mit schäbigem Feuilletonismus überzeugend gelingt, seine Herkunft aus dem Schülerkreis von Hans Mayer und Werner Krauss zu verleugnen. In intellektuellen Zirkeln der Messestadt hat er sich den Spitznamen Zu-Träger zugezogen. Das Vokabular der Seuchenbekämpfer soll jene treffen, die eines ‚kameradschaftlichen Disputs‘ nicht länger für würdig erachtet werden. Wer von den Übeln der kranken westlichen Gesellschaft angesteckt und ‚womöglich hingerafft werden sollte, den wird, auch wenn nicht mit Freuden, die nichtangesteckte Mitwelt meiden und erst recht eine vollends gesundete Nachwelt schließlich dem Vergessen anheimfallen lassen, wovon niemand erloest.‘"

Bis heute ist nicht geklärt, wieviel von der zweiten Auflage regulär verkauft wurde und wieviel in seltsamen

Kanälen versickerte. Manches Exemplar fanden DDR-Reisende in Buchhandlungen von Prag und Budapest. Die Luft um L. wurde dünn; einer, der ihm gegenüber wohnte und zu dem er Jahrzehnte lang enge Beziehung gehalten hatte, wies ihm die Tür, buckelte aber 1989 bei der Um- und Heimkehr: Schön, daß du wieder da bist.

Nichts ging mehr zwischen der DDR und ihrem unbotmäßigen Bürger. Im Herbst 1979 trat er aus dem Schriftstellerverband der DDR aus, sonst hätten ihn seine Kollegen zum dritten Mal gefeuert. Unter der Überschrift „Allerlei Büttel" urteilte Karl Corino: „In Leipzig steht fürwahr ein heißer Herbst bevor. Aber nicht nur dort. Zu Jubiläen, Staatsfeiertagen gab es früher, auch in den ‚Volksdemokratien', Amnestie. Die Schriftsteller der DDR haben zum 30. Jahrestag ihres Staates mit einer bürokratischen Mnemotechnik zu rechnen, deren Symbol ein Unendlichkeitszeichen aus Stahl ist: eine Acht um die Handgelenke."

Im März 1981 reiste L. mit einem Visum auf drei Jahre von Sachsen nach Niedersachsen; das Papier berechtigte nicht, zwischendurch seine Heimat zu besuchen. Nach und nach folgten ihm Annelies, drei Kinder, drei Schwiegerkinder und drei Enkel. Eine Phase harter Arbeitslosigkeit machte allen den neuen Beginn schwer.

Kaum war er angekommen, erhielt er den ersten Preis seines Lebens; fünfundfünfzig Jahre alt war er immerhin. In der Festrede zur Verleihung des Hans-Fallada-Preises der Stadt Neumünster sagte Hans Mayer – kein anderer Laudator wäre dem Auszuzeichnenden lieber gewesen –: „Über Hans Fallada und seinen Roman ‚Bauern, Bonzen und Bomben' schrieb Kurt Tucholsky: ‚Was vor allem auffällt, ist die Echtheit des Jargons. Das kann man nicht erfinden, das ist gehört. Und bis auf das letzte Komma wiedergegeben: Es gibt eine Echtheit, die sich sofort überträgt: Man fühlt, daß die Leute so gesprochen haben und nicht anders.' Wort für Wort darf man das auf Erich Loest und sein Buch übertragen. Wer sich auskennt an der Pleiße und an der Elster, im Rosental und in der Gegend des Völkerschlachtdenkmals, dort also, wo wir mit Wolfgang Wülff unseren Umgang haben im Glück und Pech, in der Frechheit, der Faulheit und der berechtigten Empörung, der hört die Leute, und er sieht sie auch zugleich. Allein auch hier gilt der Satz von Fallada, daß dieses Leipzig, eine große Stadt, zugleich steht für tausend andere.'' Und Hans Mayer fügte an, wobei er Bezug auf den Kraftakt nahm, aus dem Schatten des Zuchthauses herauszukommen: „Mit diesem Buch hat sich Erich Loest zum zweiten Mal freigeschrieben.''

„Es geht seinen Gang'' lebte weiter an der frischen Luft. Seine Majestät der Leser bestimmte, wie lange es von Interesse bleiben oder wie rasch es durchs Sieb fallen würde. Es avancierte zum Schullesestoff in einigen Bundesländern, dtv lieferte eine Auflage nach der anderen aus, die bisher letzte im Herbst 2002. Im Frühjahr 1989 gründete der Autor mit Schwiegertochter Elke und Sohn Thomas im schwäbischen Künzelsau den Linden-Verlag; leipzigbewußt wählten sie als Markenzeichen das Völkerschlachtdenkmal. Sie kehrten nach dem Zusammenbruch der DDR heim und brachten im Frühjahr 1990 „Es geht seinen Gang'' wieder als gebundenes Buch im traditionellen Gelb heraus. Anläßlich des 70. Geburtstages von E.L. schrieb der Berliner Essayist Friedrich Dieckmann: „Man sagt nicht zu viel, wenn man sagt: Erich Loest, das ist die DDR selbst – eine, die sich zu erzählen weiß. In ihm erzählt dieses Land sich gleichsam selbst. Wenn künftige Zeiten einmal etwas von diesem saxoborussischen Staats- und Gesellschaftsunternehmen unter russischem Protektorat wissen wollen, werden sie das nirgendwo anschaulicher und prägnanter tun können als in seinen Büchern."

Der Hessische Rundfunk beauftragte den Autor, „Es geht seinen Gang" eigenmündig zu lesen. Das geschah, da die eigenen Studios überlastet waren, bei hochsommerlicher Hitze im keineswegs klimatisierten, aber luft- und schalldicht verrammelten Primitivbau einer privaten Firma in einer Scheune vor den Toren von Frankfurt am Main. Zeit war knapp wie immer bei solchen Unternehmungen – der Laiensprecher schaffte sein Pensum in harten fünf Tagen.

Wer aber war nun der vierte Zensor, der den Roman kurz nach seinem Erscheinen zu Fall brachte? Klaus Höpcke, unterdessen Rentner in Berlin, schrieb im Sommer 2002 dem Chronisten: „Den Anstoß, eine zweite Auflage zu verhindern, ist vermutlich vom Sekretariat der Bezirksleitung Halle der SED ausgegangen. Das nehme ich an, weil, als Jochen Hoffmann mich beauftragte, Eberhard Günther zur Herausnahme des Titels aus dem Nachauflagen-Plan des Mitteldeutschen Verlags zu veranlassen, sich folgender Wortwechsel ergab: Auf Bedenken, die ich gegen den Stop einer Nachauflage geltend machte, erwiderte Hoffmann zwar, wir könnten – und sollten – prüfen, wie ein Weg zu finden sei, eine Nachauflage zu ermöglichen. Zugleich stellte er aber fest, für den Mitteldeutschen Verlag Halle werde die Entscheidung nicht zu ändern sein."

Hoffmann war Kulturminister, Höpcke sein Stellvertreter für Literatur. Höpcke fügte in seinem Brief an, zu dieser Version paßten die Parteiverfahren gegen Günther, Duty und Hottas durch die Kontrollkommission eben dieser Bezirksleitung. Hans-Joachim Hoffmann, der 1989 als erster den Rücktritt der Regierung forderte, der er selbst angehörte, kann nicht mehr gefragt werden; er ist tot.

Dr. Klaus Walther berichtete im August 2002, wobei er sich auf den Januar 1977 bezog: „Ich habe Helga Duty tatsächlich dieses Gutachten geschrieben, denn man mußte bei ihr erst mal ‚nein‘ sagen, damit man dann ‚vielleicht‘ oder ‚ja‘ sagen konnte. Helga Duty hätte den diplomatischen Fortgang der Sache nicht verstanden und deshalb wohl auch behindert. Ob solche ‚Feinheiten‘ heute noch jemand versteht? Ich bin da skeptisch. Ich schrieb dann noch ein Gutachten, in welchem ich im Hinblick auf das Titelannahmeverfahren meine grundsätzliche Zustimmung formulierte. Das müßte in den Akten des Verlages sein.“

Hermann Kant härtete in einem Brief an den Chronisten vom 28. Juni 2002 Höpckes Version. Zum Auflagenstop merkte er an: „Daß ich es mit einem Einfall Höpckes oder Hoffmanns zu tun hätte, hielt ich sogleich für ausgeschlossen. Glaubhaft war eher die spätere Erklärung, die BL Halle habe sich dieser Angelegenheit des Mitteldeutschen Verlags angenommen. Indirekt und fast komisch hat Honecker es bestätigt, als er auf meine Forderung, Ihr Roman müsse unverändert weitererscheinen, erwiderte, als *General*sekretär habe er auch die Interessen der Bezirksleitung Halle zu berücksichtigen.“ Der Chronist muß einräumen, sich Honeckers Macht eindeutiger vorgestellt zu haben.

Am 16. Juli 2002 schrieb Dr. Eberhard Günther von Halle nach Leipzig: „Dein Schreiben vom 1. 7. o2 hat mich überrascht. Damit hatte ich nicht gerechnet. Eines aber hat es bewirkt: Ich habe mein ziemlich umfangreiches Archiv tagelang durchwühlt und die Ereignisse von damals Schritt für Schritt verfolgt. Dies war auch eine Art ‚Spurensicherung'. Und sie hat mich innerlich sehr aufgewühlt. Von wem ist der ‚Schuß' ausgegangen, fragst Du. Ich bin überzeugt, daß es sich um eine ‚konzertierte Aktion' zwischen dem ZK der SED, dem Ministerium für Kultur und der SED-Bezirksleitung Halle handelte. Die Initiative ging sicherlich vom Bereich Hager aus. Dafür sprechen viele Umstände. Die Umsetzung in konkrete staatliche Maßnahmen wurde Klaus Höpcke übertragen. Die BL Halle übernahm die Auseinandersetzung mit dem Mitteldeutschen Verlag auf Parteiebene. "

Sogar zu harschem Spaß rafften sich einige der Zankzausels auf, Mittsiebziger unterdessen. Der Chronist hatte in einem ruppigen „ZEIT"-Artikel Hermann Kant unter die Dunkelmänner der Gegenwart gereiht, prompt begann Kant einen Brief: „Ihre Frage an mich, ‚Wie war es aus Ihrer Sicht mit dem Verbot?' will ich beantworten, ehe ich zur nächsten Dunkelmännerversammlung muß." Nicht faul, erwiderte der Adressat: „Ich wüßte schon gerne, wie es in einer Dunkelmännerversammlung zugeht. Wir Unterhaltungsschriftsteller sind immer recht fröhlich. "

Die selben drei Institutionen also, nur in verschiedener Reihenfolge des Auftretens, summierten sich zum vierten Zensor? Aber auch Günther wollte nicht mit Gewißheit urteilen: das Wörtlein „sicherlich" schränkt ein. Im Briefwechsel und bei Gesprächen mit den Kontrahenten von damals kam es dem Chronisten bisweilen vor, als würden nicht nur heute alle der Wahrheit liebend gern auf die saubere Spur kommen, sondern hätten schon damals gegen eine widrige Mauer angekämpft, bestrebt, der Literatur zu dienen und sonst gar nichts, vertrackterweise auf verschiedenen Gleisen. Eine Dunkelmacht müsse irgendwie im Spiel gewesen sein, die jede Weichenstellung zum Guten hin verhinderte. Bei genauerem Nachdenken könnte man heutzutage auf den Gedanken kommen, ein gewisser Lenin mit seinen kruden Ideen von Kaderpartei und zentralistischem Staatsaufbau sei an allem Schuld gewesen; aber wer wollte schon einen ideologistischen Disput in derlei verstaubten Gefilden führen.

Dann war fürs erste Schluß mit der Bekenntnisfreude. Hermann Kant antwortete auf die Frage einer Journalistin, ob er sich o-tonig für ein Radio-Feature äußern wolle, er möchte bei diesem Vorhaben „nicht stören". Ausführlicher Klaus Höpcke: „Gern und ohne zu zögern habe ich Erich Loest Auskunft zur Sache gegeben. Das an sehr verschiedenen einzelnen Beispielen ausgehende allgemeine Nachdenken über DDR-Literaturpolitik im Ganzen hingegen wird einer der Gegenstände eines Buchs sein, an dem ich gegenwärtig arbeite." Noch sei er nicht so weit, um damit an die Öffentlichkeit zu gehen; Höpcke bat um Verständnis. Pflichttreu wie lebenslang versprach Eberhard Günther, sich den Fragen der Reporterin zu stellen, aus nicht gänzlich klaren Gründen verweigerte sich Günter Gaus. Die Herren Corino, Klunker, Jendryschek und Heiduczek sagten ohne Umschweif zu – kein Kunststück, sie dachten damals wie heute. So ist der Stand, da diese Dokumentation, der Drucker ruft, abgeschlossen werden muß. Das feature wird das Weiterleben von „Es geht seinen Gang" für eine weitere Etappe sichern.

Kurt Tucholsky erlebte den Zusammenbruch des Kaiserreichs und die nachfolgende Dolchstoßlegende. Heute heißt es bei den Verteidigern des sozialistischen Experiments, die im Vorwort dieses Berichts ihr Fett abkriegten, Gorbatschow habe sie verraten, dieser Gorbatschow, dem Mittenzwei „in ML", so der DDR-Sprachgebrauch, in Marxismus-Leninismus also, miserable Noten erteilte. In der „Weltbühne" von 1921 schrieb Tucholsky gegen die Verteidiger des Zerfallenen an und beklagte eigene Läßlichkeit: „Wir anderen aber vergessen viel zu rasch. Wir konstatieren und gehen nach Hause. Jene dagegen wiederholen Tag um Tag und Tag um Tag seit zwei Jahren: den Schwindel vom Dolchstoß, die Legende vom Scheidemann-Waffenstillstand, der doch eine Monarchenniederlage war, die historischen Unwahrheiten vom U-Boot-Krieg und die Lüge vom Erzberger-Frieden. Und sie drehen die Geschichte unermüdlich so lange, bis sie auch ihnen und ihrer Existenz recht gibt. Und wir? Wir trommeln nicht. Wir glauben, es sei nicht unterhaltend, den Leuten das einzuhämmern, was sie doch erst einmal wissen müßten, bevor sich die Grundlage für ihre Wandlung bilden kann. Immer wieder? Nie genug."

Heute, zwölf Jahre nach dem Verröcheln des SED-Staates, stecken und rackern wir im selben Problem.

Immerhin: Am Ende eines Briefes wünscht Klaus Höpcke, den L. in manchem Interview und Presseartikel einen *Zensurminister* nannte, dem Chronisten bei der Überarbeitung von „Der vierte Zensor" *gutes Gelingen.* Mehr kann man nun wirklich nicht verlangen.

Auszeichnungen

Vor seinem 54. Geburtstag erhielt Erich Loest keine Auszeichnungen.

1981 Hans-Fallada-Preis der Stadt Neumünster

1982 Jakob-Kaiser-Preis (mit Ulrich Plenzdorf)

1983 Ernst-Reuter-Preis, lobende Anerkennung

1984 Marburger Literaturpreis. – Niedersächsisches Künstlerstipendium

1987 Jakob-Kaiser-Preis (mit Heinz Schimmelpfennig)

1989 Turmschreiber von Deidesheim

1990 Freiheitspreis des Bundes Freier Berufe

1991 Karl-Hermann-Flach-Preis

1992 Bundesverdienstkreuz I. Klasse. – Ehrenbürger der Stadt Mittweida

1995 Stern des Jahres, Abendzeitung München

1996 Ordentliches Mitglied der Sächsischen Akademie der Künste. – DAG-Fernsehpreis in Silber (mit Frank Beyer und Eberhard Görner). – Ehrenbürger der Stadt Leipzig. – Grand Prix „Goldene Truhe", Plovdiv/Bulgarien; „Goldener Delphin", Pescara/Italien; „Goldene Pyramide", Kairo (jeweils mit Frank Beyer und Eberhard Görner)

1997 Kommandeurkreuz des Verdienstordens der Republik Polen. – Doktor h.c., Hampden-Sydney-College, Virginia/USA

1998 Stadtschreiber-Literaturpreis des ZDF/3sat und der Stadt Mainz

1999 Großes Bundesverdienstkreuz

2001 Doktor h.c. der Technischen Universität Chemnitz

2002 Karl-Preusker-Medaille

Die wichtigsten Lebensdaten

1926   geboren in Mittweida/Sachsen. Die Eltern hatten eine Eisen-
warenhandlung gepachtet

1936   Oberrealschule, Deutsches Jungvolk

1944   Infanteristische Ausbildung

1945   drei Wochen Krieg als Werwolf. Kurze amerikanische Gefangenschaft; Arbeit auf einem Rittergut bei Leipzig

1946   Volontär der „Leipziger Volkszeitung", ab 1948 Redakteur

1950   der erste Roman, der erste Sohn. Entlassung aus der LVZ,
freischaffender Schriftsteller

1953   SED-Parteiverfahren nach dem 17. Juni

1957   Ausschluß aus der SED und Verhaftung mit seiner Frau
wegen Debatten über Demokratisierung

1958   Verurteilung zu $7^{1}/_{2}$ Jahren Zuchthaus, verbüßt in Bautzen II

1964   nach der Entlassung Schreiben von Krimis unter einem
Pseudonym. Allmählich auch ernsthafte Arbeiten

1978   Querelen nach dem Erscheinen von „Es geht seinen Gang",
die

1981   zur Ausreise in die Bundesrepublik führen. Seine Frau und
drei Kinder folgen nach. Wohnsitz in Osnabrück, viele Reisen. Später Umzug nach Bonn/Bad Godesberg

1989   Gründung des Linden-Verlags in Künzelsau. Nach dem Fall
der Mauer

1990   Bürger von Leipzig, zweiter Wohnsitz in Bonn

1998   endgültig wieder in Leipzig